掌控谈判

プロフェッショナル・
ネゴシエーターの頭の中

[日] 藤井一郎 ◎ 著
(Ichiro Fujii)
胡佳 ◎ 译

中国友谊出版公司

图书在版编目（CIP）数据

掌控谈判 /（日）藤井一郎著；胡佳译 . -- 北京：中国友谊出版公司，2020.6

ISBN 978-7-5057-4903-0

Ⅰ.①掌… Ⅱ.①藤… ②胡… Ⅲ.①谈判学－通俗读物 Ⅳ.① C912.35-49

中国版本图书馆 CIP 数据核字 (2020) 第 075739 号

著作权合同登记号　图字：01-2020-1803

Professional Negotiator no Atamano Naka by Ichiro Fujii
Copyright © 2011 Ichiro Fujii
All rights reserved.
Original Japanese edition published by TOYO KEIZ AI INC.
Simplified Chinese translation copyright © 2020 by Beijing Standway Books Co., Ltd.
This Simplified Chinese edition published by arrangement with TOYO KEIZAI INC., Tokyo, through Bardon-Chinese Media Agency, Taipei

书名	掌控谈判
作者	[日]藤井一郎
译者	胡　佳
出版	中国友谊出版公司
发行	中国友谊出版公司
经销	新华书店
印刷	天津中印联印务有限公司
规格	880×1230 毫米　32 开 7 印张　150 千字
版次	2020 年 6 月第 1 版
印次	2020 年 6 月第 1 次印刷
书号	ISBN 978-7-5057-4903-0
定价	49.00 元
地址	北京市朝阳区西坝河南里 17 号楼
邮编	100028
电话	(010) 64678009

前　言

　　于我而言，在人前讲话、发表个人见解，可谓是苦不堪言！但幸运的是，在我大学毕业找工作时，面试官被我与生俱来的格斗家气质所吸引，最终我顺利进入一家大型综合性贸易公司，并从事海外营业工作。此后，我出国攻读商学，后又在某企业从事海外事业开发工作。再后来，经朋友引荐，我开始接触企业并购中间人这一职业。

　　这一行业高手云集，一年到头每天都有上亿的资金谈判。谈判对手往往都是谈判经验丰富的公司经营者，一旦谈判失败，谈判者便无法获得报酬，更何谈让谈判成为谋生手段呢？！

　　自入行以来，我便深知此行业的妙处所在，并为之痴迷。直至今日，我可以实现每年五件的成交数（只包含我负责的案件，不含我的下属负责的案件）。

据统计，企业并购时，中间人一年的平均成交数仅为一件（或许你会觉得成交数太少），而我的成交业绩远远超过了平均数，并且我也从未听说有人超越每年五件的成交数，可以说我是日本企业并购中间人这一行业的领头人之一。

原本不善言辞的我居然能在高手如云的谈判界占据一席之地，这也是我万万没有想到的。

而我的成功绝非偶然，也并非运气好，我只是在无数次的历练中不知不觉掌握了谈判秘诀。

既然如此，我更应该将此秘诀与大家共享，**让那些和我一样没有任何谈判天分的人都能掌握谈判秘诀，并且具备谈判家的必备素养。**因此，我在本书中不仅分析了迄今为止我参与的各类谈判项目，还结合谈判学、行为经济学、社会心理学等理论，将谈判秘诀系统化。此外，本书内容也是基于我多年来为供公司内部使用而编写的东西。

坦率地说，我也考虑过一旦我出版的书籍被我的谈判对手看到，就相当于将我的谈判方法（尤其是谈判秘诀）完全公开了，这或许会成为我今后开展工作的绊脚石。但是，我真心想与所有的商业人士甚至我的谈判对手分享我在谈判时的心理活动及思维方式，也希望这本书能给每位读者带来启发和帮助。所以，我毅然决定出版本书。

自入行以来，为了更好地开展工作，我一直在阅读与谈判相关的书籍。我发现这些书籍主要分为以下四类：①唯哈佛谈判术马首是瞻的国外作家所著的书籍；②律师所著的书籍；③学术著作；④心理学著作。

虽然谈判类书籍的主要读者是商业人士，但我并未找到精通日本商业谈判的专业谈判家所著的书籍，这一点让我匪夷所思。

反倒是日本律师的著作比比皆是。但是，对于律师而言，他们所谓的谈判并不适用于商业人士。因为律师们在谈判之初便和对方处于敌对状态，而专业的谈判家不会在谈判初始便让双方陷入敌对的僵局。

本书中提到的谈判若无特殊注明，皆为商业谈判。所以，**我认为本书的读者应该是不善于商业谈判的人士，以及虽从事其他行业但立志成为谈判高手的人。**

与此同时，本书介绍的思考方式和谈判技巧不仅适用于商业谈判，对生活中存在的谈判甚至政治外交谈判都大有裨益。各位读者，你们可以一边阅读此书，一边思考本书中提到的技巧能否运用于你们的实际生活中。

本书旨在让所有人都能掌握书中提到的谈判技巧。这和读者是否有谈判天分毫无关系，我不就是一个很好的先例吗？直至今日我都不擅于在人前讲话，可以说毫无谈判天分，这一点是毋庸置疑的。

此外，**相较于掌握一门外语以及会计技能，谈判技巧的掌握耗时短，且可以立见成效**。毫不夸张地说，想要学习一门语言并熟练运用于商界，在拥有语言环境的国外学习需要花两年时间，在日本国内则需要五年。而若想成为会计界的专家，至少需要多年的不断学习与经验的积累。如此说来，于商业人士而言，掌握谈判技巧更能立竿见影地提升自身价值。

接下来，我给大家简单介绍一下本书的内容。

第一章介绍了掌握谈判技巧的意义、什么是谈判，以及决定谈判实力的七个关键。

第二章讲解了我个人理解的"成功的谈判"及其两个重要因素，以及如何与对方建立信任关系。

第三章阐述了谈判家必须知道的谈判技巧以及必须具备的心理素质，并且只要将之付诸实践，双方就能实现互利共赢，不善于谈判的意识也会云消雾散。

第四章分析了为实现"超越共赢"的目标所使用的心理谈判术，并阐述了社会心理学中的西奥迪尼法则和行为经济学在谈判中的实际应用。

第五章阐明了如何灵活运用西奥迪尼法则和行为经济学，并讲解了价格谈判时的终极奥秘。

第六章介绍了卖方、买方及中间人身处不同立场的谈判技巧。我认为，在这两章中讲解的一些谈判技巧一定会对大家的商业谈判有所帮助。

第七章对谈判时控制自身情感的方法进行了说明。文章中提到：谈判时，若双方太过于感性，会让谈判举步维艰。而谈判家若不能很好地控制自身情绪，就不能称之为一个合格的谈判家。

最后，我将本书的结语部分总结为"从谈判制胜之术到谈判之道"，讲解了谈判时最重要，也是最基本的思考方法。

在本书中，虽然我一直在以谈判家的口吻叙述，但在成功的背后，我曾无数次懊悔"若谈判当时那样做就好了"，直至今日也有悔之不及的情况发生。所以，我想通过本书将我的经验分享给各位读者，让大家汲取我失败的教训，并能够在短时间内成为一名谈判高手。

谈判的结果固然重要，但其过程更为珍贵。我认为，**不论任何事情，不要只关注其结果，享受过程带来的乐趣才是关键**，这也是我走向成功、获得幸福的秘诀。希望各位读者在阅读本书时，不仅能获取有用的知识以及谈判秘诀，而且能享受读书过程带来的乐趣，这是我作为创作者最开心的事了。

目 录

第一章 你真的了解谈判吗?

对谈判的误解 / 3

什么是谈判? / 7

决定谈判实力的七个关键 / 10

不存在对等的谈判 / 23

第二章 建立在信任基础上的谈判

"成功的谈判"的两个必备要素 / 27

建立信任关系的六个方法 / 31

第三章 让双方都满意的谈判策略

选择合适的谈判对象 / 49

一定要和多家公司同时谈判 / 51

不可遗漏重要的利害关系人 / 53

"打包式"谈判 / 55

谈判双方应彼此体谅各自在意的优先顺序 / 57

推进创造性的谈判 / 59

重视非金钱动机 / 62

正面询问你想知道的事情 / 65

电话、邮件、会议、书面文件的优缺点 / 67

和外国人谈判时的注意事项 / 70

千万不要和这几类人谈判 / 74

第四章 高层次的心理谈判

西奥迪尼法则：让对方说 YES 的六个"武器" / 79

行为经济学在谈判中的应用 / 97

第五章 价格谈判的秘诀

买卖双方产生分歧的原因 / 105

买卖双方达成一致的原因 / 110

如何制定售价？ / 114

是否应该告知谈判中间人价格下限与上限？ / 116

买卖双方应该由谁先提出价格要求？ / 118

面对多个价格选项时，应当如何抉择？ / 121

要求降价的谈判技巧 / 124

若被对方要求降价，应如何应对？ / 128

第六章 身处不同立场的谈判技巧

1 卖方的谈判秘诀

判断对方的决策方式：协商一致型或高层决策型 / 135

掌握真实的市场价格 / 137

尽早公开不好的信息，缓慢透露好的信息 / 141

重视偏好颠倒现象 / 143

切勿只宣扬个人能力 / 145

选择合适的谈判方式：竞标或面对面 / 147

2 买方的谈判秘诀

确认购买的必要性 / 150

衡量沉没成本 / 154

适当表现购买欲 / 157

面对不同的情景，选择不同的谈判战略 / 159

挖掘卖方的利害关系 / 160

3 中间人的谈判秘诀

控制买卖双方的期望值 / 164

让双方在谈判中感受到公平 / 167

当面谈判的首因效应 / 169

做一个好的倾听者 / 171

不要擅自做出判断 / 173

要劝告而非一味说服 / 175

不轻易发出最后通牒 / 177

第七章 掌控自身谈判的情感

正视对方的意见 / 181

遭受对方批判时应抱有的态度 / 185

悲伤的心情会让利益受损吗？ / 188

遭遇失败时应抱有的态度 / 190

性善论和性恶论 / 191

为什么总是在临近谈判时气馁？ / 192

结语　从谈判制胜之术到谈判之道 / 195

参考文献 / 203

作者介绍 / 207

第一章

你真的了解谈判吗?

---------------------------- **Negotiation** ----------------------------

对谈判的误解

　　于我而言，谈判是我的谋生手段。

　　企业并购是企业经营战略中的重要一环，而我作为并购时的中间人，经常身处谈判现场的最前线。每天都有数以万计的谈判在暗中进行，但成交数却寥寥无几。据统计，企业并购时，许多中间人一年的平均成交数仅为一件。

　　即便如此，我却可以实现每年五件的成交数。从自身条件来讲，我没有实力雄厚的企业做后盾，也未取得律师或会计师的资格认证。可以说，我没有任何庞大背景，也没有任何捷径可走。

　　我有的，只是谈判技巧。

　　如今，日本已迈入人口负增长时代，只要不懈努力就能保证经济持续增长的时代早已去而不返。所以，当开创事业时我们需心怀紧迫感，并且在当下的经济大环境中，做任何事不能只讲"自前主义"（企业独自负担全部经营费用），要和国内外的其他企业建立合作关系、开展共同事业，以及把推进企业并购变为常态。

为促进对外贸易，很多日本企业已将英语变为公司内的通用语言。关于这一点我深有体会，因为我在迈入社会后的前十年一直从事海外营销事业开发工作，所用语言就是英语和中文。但是，只通过掌握一门外语促进对外贸易是远远不够的，同时需要具备谈判实力、相关业务知识、对市场的预测掌控力等。

身处这样的时代和经济大环境中，我们若想在未来的商场中拥有一席之地，掌握谈判技巧变得尤为重要。不论我们从事何种工作，营销也好，技术、管理也罢，想要创造业绩、轻松开展工作，就需要和上司及其他部门做好"公司内部的谈判"。即使跳槽换工作，谈判技巧也必不可少。

虽然很多商业人士已经认识到谈判技巧的重要性，但苦于周围没有人能教自己这方面的知识。即使公司内组织员工培训,也不会涉及谈判技巧的讲解。那些公司内的谈判高手,也是自成一派,何谈授人以渔呢?最终就导致很多人对谈判存有误解。

当得知我在谈判领域有所突破时,有人便认为我在谈判桌上固执、强势,肯定是不到黄河心不死,所以有时会提出"凭借藤井先生的谈判能力,无论如何要谈成哦"的无礼要求。

还有一种误解是:有不少人凭借自己以往的一些商业谈判经验,就单纯认为"谈判双方应该互相让步,寻找妥协点。只要能大概满足双方需求、实现互利双赢便皆大欢喜"。

但是,我每天进行的谈判,与上述描述的任何一种情况都大相径庭。

谈判时,固执己见、一意孤行的谈判家一定不能称作谈判高手,在商场中也无法生存。反之,谈判时"一味寻找双方交易条件的折中点,促使双方达成一致"的方法,必会导致收效甚微。

谈判是一门科学,又是一门艺术。我们在践行理论的同时也需要**观察对方情感变化、控制自身情感,并在窥探到对方**

的心理微妙变化之际推波助澜。

本章将从谈判的基础知识开始讲解。例如,何为谈判?以及如何提升我们耳熟能详的谈判能力?

什么是谈判？

谈判是什么？

首先让我们一起了解谈判的定义。

我认为，谈判就是**具有不同立场、不同利害关系的人通过互相磋商达成协议的过程**。

把这句话分解来看就是：

> 1. 具有不同立场、不同利害关系的人；
> 2. 达成协议；
> 3. 互相磋商。

第1点提到的立场是指当事人所处的地位。例如：代表公司参与谈判的人在公司里扮演下属的角色，回归家庭后则扮演丈夫的角色。

利害关系是指当事人所期望的结果。例如：于公司而言，签订的买卖合同要对公司有利；于公司职员而言，自己提出的方案能够获得领导的认可；在家庭生活中，于丈夫而言，或许就是能从妻子手中得到更多的零花钱。

在谈判中，谈判对方可以是一个人，也可以是多个人；可以代表一个公司，也可以代表一个国家。

但不管对方是公司还是国家，在实际的谈判中，都是在和人谈判。所以，若想在谈判中游刃有余，首先要对人有深刻的认知。这也是本书接下来要着重讲解的内容。

第2点为达成协议。具体而言，何为达成协议呢？例如：于公司而言，达成协议是指签订合同；在公司内部，是指提交的方案通过审批；在家庭生活中，是指家人间的约定。

第3点互相磋商是一个较为模糊的概念，简单来说，就是"互相对话"。但这里提到的"互相对话"不仅包括双方面对面的交谈，还包括通过电话、邮件、中间人进行的交流。

互相磋商是指双方互动性的、非暴力的交流。若谈判一方固执己见,不听取对方的意见,并通过暴力手段解决问题的话(战争是其最极端的表现),就不能称为谈判。

决定谈判实力的七个关键

接下来让我们一起来看谈判实力。

我们经常会说"××的谈判实力很强",那么具体而言,何为谈判实力呢?

所谓的谈判实力,简而言之,就是谈判时魄力十足、气场强大、步步紧逼、无需让步(至少让谈判对方感受到压迫感)。

那么,谈判实力的决定因素又有哪些呢?我认为有以下七点。为了便于读者更好地理解,我用恋爱时男女的状态做了比喻,并标注于括号内。

> 1. 是急于求成还是从容不迫,不同的状态会让谈判桌上的氛围迥然不同(暗恋的一方处于劣势);

> 2．拥有其他的选择（结婚前不要在一棵树上吊死）；
> 3．时间（不要急于结婚）；
> 4．情报（你们真的了解彼此吗？）；
> 5．演技（说谎不可取，话里有话却无妨）；
> 6．客观状况（来自亲友的建议）；
> 7．个人魅力（男女双方的魅力值）。

接下来，由我一一道来。

1．是急于求成还是从容不迫，不同的状态会让谈判桌上的氛围迥然不同（暗恋的一方处于劣势）

双方谈判时请思考：哪一方更急于达成协议？**急于求成者在谈判时处于下风，而从容不迫者在谈判时占上风。**

事实证明，若谈判关乎生死存亡，即使妥协让步，也要千方百计达成协议；若谈判无关痛痒，便无需妥协。

例如，若一个公司没有合适的继承人，不论家族成员还是正式员工，皆是平庸之辈，只有一位年事已高、身体抱恙的董事长苦苦支撑。面对这样的窘境，若破产清算的话，势必会给公司的客户和员工带来沉重的打击。若不想看到这样的结局，最现实的解决方法只能是转让公司。那么，在企业并购的谈判中，为了让公司渡过难关，是急于求成还是从容不迫，决定了哪方能掌握谈判的主动权。

通常情况下，企业并购时产生的协同效应会给买方带来巨大的影响。除非并购此企业是买方一直以来梦寐以求的，否则不能强迫买方必须进行收购。在这种情况下，买方拥有谈判的主动权，而急于达成协议的年老董事长很可能不断地让步。

反之，卖方手握主动权的案例也不在少数。例如，卖方能生产出独一无二的零件，恰巧在买方研发的新产品中，此零件是不可或缺的。

2. 拥有其他的选择（结婚前不要在一棵树上吊死）

在未能达成交易的情况下，若有替代方案，对谈判是十分有利的。

"哈佛谈判术"称为BATNA（Best Alternative to a Negotiated Agreement），即谈判协议的最佳替代方案。日语中称之为"次善之策"。

次善之策给人以退而求其次的感觉。但事实证明，有时换一个谈判对象，其提出的条件要比目前谈判对象提出的条件更诱人（或者暂时无法判断孰好孰坏）。

例如，前文曾提到的那位在谈判中身处劣势的年老董事长，他可以同时和多家买方谈判，若其中几家能提出令人满意的条件，这位董事长便可以择优选择，也就自然而然地在谈判中掌握了主动权。

众所周知，谈判之本在于"决不能向谈判对方透露己方的BATNA"，但我认为具体问题具体分析才是关键所在。不可否认的是，在没有其他选择的前提下，贸然向谈判对方全盘托出，很可能让己方身陷囹圄。反之，**当事人除当前的谈判对象外，若还有其他较好的选择，便可以有意无意地透露给对方。那么，谈判对方很可能拿出更有诚意、更诱人的条件。**

例如，某汽车生产厂家和A公司就汽车零件的购买事宜进行谈判，但在谈判桌上，汽车厂家有意无意地向A公司透露：B公司（A公司的竞争对手）也在候选名单里。这样一来，A公司为了防止B公司抢走客户，很可能进一步让利于汽车生产厂家。

但有一点需要特别注意：即使自己还有其他选择，也不可得意忘形，以此威胁对方做出让步，否则会惹怒对方。

3. 时间（不要急于结婚）

谈判时，急于在一定时间内达成协议的人往往身处劣势；相反，从容不迫、游刃有余的人反而会掌握主动权。

例如，一个企业变卖不动产的原因往往在于要给金融机构偿还债务，因为只有卖掉了不动产才能获得偿还资金。若一个企业在借款一亿日元后，陷入临近偿还期且无法延迟（或改变偿还条件）的窘境，便会急于出售其不动产。即使其不动产的价值远远超过了一亿日元，也会急不可耐地以一亿元的价格出售。此时，若买方能够泰然处之，就会在谈判中掌握主动权。

关于谈判时是否有必要向对方坦白己方需要在一定时间内达成协议，我认为，若时间还比较充裕，可以暂时不必全盘托出。但是，倘若谈判进展缓慢，可能导致偿还逾期的话，需要和对方坦言己方的截止日期，并提示对方加快谈判的进程。

反之，**若对方深信自己可以在本次的交易中获利，并处心积虑地促成合作。那么，于对方而言，同样受到了时间的约束和限制**，即使最终选择让步也不足为奇。

其实，在谈判中，因急于达成协议而让自身处于劣势的案例并不少见。例如，谈判一方为了避免因延长谈判期产生其他的额外费用（聘请律师费等），便想尽早结束谈判，却不知这样会让自己在谈判中丧失主动权。

4．情报（你们真的了解彼此吗？）

前文详细阐述了三个要素：**是急于求成还是从容不迫，不同的态度会让谈判桌上的氛围迥然不同；其他的选择；时间**。如果能精确地掌握谈判对方关于这三个方面的信息，己方便能在谈判中居于有利地位。

也就是说，倘若能对下述信息了如指掌，己方便能判断应持有何种态度、采取何种行动；反之，若对下述信息一无所知，可能导致己方过分夸大对手的实力，最后轻易妥协。谈判时，需要掌握的信息包括：谈判对方究竟对此次谈判抱有多大诚意；究竟还有哪些选择；对时间有无要求；是否因某些特殊原因想要尽早结束谈判等。

关于谈判对方的上述信息，可以通过收集证据做出初步预测，但我认为**最直接有效的方法是：直接询问对方。**

5．演技（说谎不可取，话里有话却无妨）

第4条阐述了如果能掌握对方的正确信息，便能促使谈判朝着有利于自己的方向发展。反之，你在**是急于求成还是从容不迫、其他的选择、时间三个方面的表现让对方产生误解，即让谈判对方高估己方的谈判实力，**那么己方便会在谈判中掌握主动权。

但是，全部依靠演技让对方臣服于己方的谈判实力之下，可谓是知易行难。例如，在企业并购的谈判中，卖方明明没有实力雄厚的候补买家，却要依靠演技让买方误认为自己还有其他多种选择，想要做到这一点绝非易事。当然，若卖方一味地虚张声势，谈判时态度又十分强硬，很可能造成谈判失败，在没有其他候补买家的前提下，卖方的这种行为无疑是自掘坟墓。

不可否认，那些真正的演技派即使面临无其他候补选项并急需达成协议的窘境，也会泰然自若、胸有成竹地进行谈判，并能实现己方利益的最大化。

但是，有一点需要注意，**不论你是想依靠演技夸大自己的实力，还是吝于向对方透露任何消息，切勿毫无顾忌地说谎，这属于原则性问题。**一旦对方发现你在撒谎，双方之间的信任基础就会崩塌。所以，通过撒谎达成协议是我最不赞成的方法。

6. 客观状况（来自亲友的建议）

所谓的客观状况，是指除了当事人自身因素以外的一般事实或状况，例如舆论的力量、专家的意见、法院案例、汇兑行情等。

具体而言，例如，一些备受大众瞩目的政治谈判会被媒体所报道，毋庸置疑，顺应民心的一方更具谈判力。而那些与民心背道而驰的主张、观点会受到舆论的指责，无法持久下去。

再如，某些法院判决的案件曾引起轩然大波，被大众所熟知。而你恰巧是类似案件的当事人，且法院接下来的裁决对你是不利的。那么，你极力澄清自己是正义一方的行为不仅是徒劳无益的，而且也绝非上策。

又如，在企业并购中，虽然买方会受到第三方专家对卖方财务状况的评价结果及对类似交易进行的预测结果的影响，但是，若卖方漫天要价，买方当然有权拒绝，谁也没有权利强迫买方必须接受卖方的无理要求，而卖方很可能因其恶劣行为被列入黑名单。

反之，若能恰到好处地利用客观状况中对自己有利的因素，一定能促进谈判朝着有利于自己的方向发展。

7. 个人魅力（男女双方的魅力值）

决定谈判实力的最后一个因素是个人魅力。提及"个人魅力"，这是一个较为模糊的概念。那么，请允许我从三个侧面来阐述何为个人魅力。

第一，生活中有这样一类人，所有人都想和他一起工作，所有和他有接触的人都会成为他忠实的粉丝，他们的共同特点是：**高瞻远瞩、乐观开朗、极具自信、言之成理**。不言而喻，这类人具备足够的个人魅力。

在现实生活中，人们总是对喜欢的人言听计从。那么，就不难理解为什么人们在面对暗恋已久的异性时，总是不忍拒绝对方提出的要求了。

有这样一则真实案例，一个私营企业主经营着一家不景气的公司，由于经营困难，他只能寄希望于卖掉公司。于是，他走访了几十家企业，打探对方是否有意收购自家公司。虽然大部分公司因其公司的经营状况直接拒绝了他，但幸运的是，有三家公司对企业收购表现出了一丝兴趣。出乎意料的是，最终促使三位买家同意收购的原因竟是：这三家公司的董事长在与这位企业主交谈后，成了企业主的忠实粉丝。其结局当然是圆满的，三个买家形成竞争态势，直接让这位企业主掌握了整局谈判的主动权，实现了利益的最大化。

表现个人魅力的第二个侧面是**对人类微妙的心理变化感同身受，能够冷静分析己方或对方的不合理要求及不可理喻的举动**。有的人能轻而易举地做到这一点，有的人却只能望而却步。不过没有关系，只要认真学习第四章及之后介绍的行为经济学、社会心理学的知识，就能大大提升个人在这方面的能力。

表现个人魅力的第三个侧面是能够控制好个人情感。前文曾对谈判的定义进行了阐述，即谈判是具有不同立场、不同利害关系的人通过互相磋商达成协议的过程。而在这个过程中，谈判对方会理所当然地提出一些你认为荒谬无理的要求。

此时，请直面这些无理要求，否则勃然大怒的你会方寸大乱。事实证明，谈判中大发雷霆的人会坠入失败的万丈深渊（同样，也不要惹怒对方）。**双方恼羞成怒会摧毁好不容易才建立起来的信赖关系，也会轻而易举地让谈判的大厦轰然坍塌**。如果有一天和对方的见面让你深恶痛绝，那么就意味着你和对方的谈判已经走到了终点。

原本能让双方共赢的谈判因感情因素无疾而终，可谓是一大憾事。想要谈判成功，不仅取决于**灵活运用行为经济学和社会心理学的知识，也需要控制好个人情感**。第七章会详细介绍控制个人情感的方法。

最后，让我们满怀热情、意志坚定、自信满满地完成谈判。

不单纯依赖演技，而是通过激发我们内心深处的强大力量，由内而外地散发出强大的个人魄力。**若能让对方感到此人无法被战胜，此人言之有理、值得信赖，千万不能惹怒他，就意味着你已经掌控了全局。**

以上就是我对谈判实力的七个要素的详细阐述。为了便于读者理解，我用恋爱时男女的状态做了比喻，并标注于括号内（例如"暗恋的一方处于劣势"等）。当然，我们不能将恋爱和谈判混为一谈（恋爱中主张"结婚前不要在一棵树上吊死"，即使恋爱终以失败告终，也无需追究是哪方的责任。而在谈判中，若你失去了所有的谈判候补对象，就得反省自身是否也有问题）。

决定谈判实力的七个关键

谈判实力就是谈判时魄力十足、气场强大、步步紧逼、无需让步。

关键1	双方谈判时,哪一方更急于达成协议?	急于求成者在谈判时会处于下风。
关键2	有其他选择吗?	若有其他选择,可以稍微透露给对方,促使对方做出相应的让步。
关键3	时间富余吗?	谈判时,急于求成、想在一定时间内达成协议的一方身处劣势。
关键4	是否真的了解对方呢?	对方真的抱有诚意吗?对方是否还有其他的选择?时间还有富余吗?
关键5	过分夸大自身的谈判实力。	是否有意让对方看到还有别的选择、时间也有富余呢?
关键6	客观状况是否对自身有利?	利用一切对自身有利的条件,例如舆论的力量、专家的意见、汇兑行情等。
关键7	自身是否具备一定的魄力?	是否能让对方抱有好感?能否立即洞察心理的微妙变化?能否完美地控制自身情感?

不存在对等的谈判

有人说：谈判之本是对等。但我认为此想法脱离实际。

正如前文所述，决定谈判实力的要素有很多，这必然导致谈判时会出现一方强大一方弱小的局面。所以在实际的谈判中，很难实现对等。并且，我个人认为，也没必要追求对等。

话虽如此，实力强的一方也不能以自我为中心，无视对方的诉求和利益。一旦伤及对方的情感，让其颜面扫地，很可能导致一场利润丰厚的交易一败涂地。

我认为，**即使不存在对等的谈判，也要学会尊重对方**。谈判双方可以坚持自我主张，但也要站在对方的立场看问题，体谅对方的利益所在。不论谈判的结果如何，坦诚待人会让双方建立信赖关系，完成一场"成功的谈判"。

何为"成功的谈判"，我会在下一章具体阐述。

第二章

建立在信任基础上的谈判

---------------------------- Negotiation ----------------------------

"成功的谈判"的两个必备要素

前一章我们分析了谈判实力,那么,能不能说谈判双方根据自身的谈判实力获得了想要的结果,就可以断定此次谈判属于成功的谈判呢?还是说谈判也有好坏之分呢?

对于我来说,几乎每一天都要亲临谈判现场,这也让我深刻体会到什么样的谈判才是真正成功的谈判,什么样的谈判属于失败的谈判。

也许很多人认为,双方能达成一致的谈判就是成功的谈判,在达成一致前谈判破裂就属于失败的谈判,而事实并非如此。

很多讲解谈判技巧的书籍也总在强调,如何促使双方达成一致,如何让对方接受己方提出的条件。但是,根据我多年的实战经验得出，**有很多谈判即使双方未能达成协议，也属于成功的谈判。**

我认为"成功的谈判"需要具备以下两个要素：

第一个要素是，**谈判过程中，双方要建立信任关系。**在实际的谈判中，谈判双方往往会因某些条款无法达成一致，导致签约失败。但是，即便如此，若双方在谈判过程中建立了互相信赖的关系，很可能促成双方在其他项目上的合作。

不可否认的是，双方未达成一致确实意味着谈判的失败，但是从另一个角度来看，如果通过此次谈判促成了双方长久的合作关系，证明此次谈判又是成功的。相反，在谈判过程中，因猜疑和不满让双方产生隔阂、互不信任，也就从根本上错失了在未来实现互利共赢的机会。

这里强调构筑信任关系的重要性主要是为了和对方维持更长久的合作关系。

当然，旅游景区特产店老板和游客间的价格谈判就另当别论了，因为他们之间的交易往往仅有一次。可即便如此，商店为了继续营业、吸引更多的顾客，也不能怠慢和店铺仅有一面之缘的顾客，稍有不慎，其恶劣态度就会被曝光在网上。所以，面对任何谈判，都要致力于和对方构筑信任关系。

第二个要素是，**谈判双方要做到未雨绸缪，制定不会产生纠纷的条款，并严格遵守。**

这和前面提到的第一个要素息息相关。因为即使双方最终达成协议，若在谈判过程中产生隔阂，埋下不信任的种子，很可能在履行协议之际产生纠纷（之后，纠纷就会成为必然）。

产生纠纷的原因在于：谈判双方制定条款时，条款内容未涉及发生问题时双方应承担的责任，让谈判留有隐患。

具体而言，双方在签订条款时，只规定了"项目赢得的利润各得一半"，而未明确亏损时责任如何分担。一旦出现亏损，双方定会互相推诿。因此，要做到未雨绸缪，完善协议条款。

也就是说，双方想要谈判成功，就要在谈判过程中建立信任感，也要制定防患于未然的条款，并在达成协议之后承担自己应尽的责任。

	成功的谈判	失败的谈判
达成协议	①双方达成协议，互信互赖，无纠纷地履行条款内容。	②双方虽达成协议，但信赖关系破裂，为履行合同时埋下隐患。
未达成协议	③双方虽未达成协议，但谈判时构筑的信赖关系为双方未来的合作奠定了基础。	④双方不仅未达成协议，还在谈判过程中产生隔阂、互不信任，合作也就此终止。

上表汇总了双方是否达成协议与成功或失败的谈判之间的关系。毋庸置疑，第①条属于最成功的谈判；第②条虽然双方达成了协议，实现了谈判的目的，但埋下了隐患的种子；第③条双方虽未达成协议，但从长远的角度考虑，也是值得肯定的成功谈判；第④条属于最失败的谈判。

建立信任关系的六个方法

前文中提到,成功谈判的要素之一是"在谈判过程中,双方要建立信任关系"。接下来,我从六个方面进行具体阐述。

1. 言而有信;

2. 开诚布公;

3. 尊重并理解对方的立场,获利后懂得回报对方;

4. 双方具有共同的利害关系;

5. 赢得对方的好感;

6. 利用威望及社会评价的影响力。

建立信任关系的六个要点

1 言而有信
① 不论多么小的约定都努力遵守；
② 不随意许诺。

2 开诚布公
① 谈判时尽量使用专有名词；
② 要向对方公开有利于己方的信息，不要故意隐瞒不利于己方的信息；
③ 选择合适的时机公开信息；
④ 是否向对方公开信息也需要随机应变。

3 尊重并理解对方的立场，获利后懂得回报对方
① 站在对方的立场看问题。若不理解或不认同对方的主张、观点时，应主动询问。
② 若对方做出妥协，己方也要在别的方面做出让步。

4 双方具有共同的利害关系
理解对方的需求，阐述己方在产品和售后服务方面的优势。

5 赢得对方的好感
① 得体的着装打扮；
② 措辞得当；
③ 寻找共同点；
④ 增加接触次数；
⑤ 学会示好。

6 利用威望及社会评价的影响力
要通过奋斗获得真正的权威和社会好评，而不是徒有虚表。

1. 言而有信

不论多么小的约定都要遵守，这样才能让对方产生信赖感。例如，要遵守开会时间，从不迟到。如果你连续两次迟到，会被列入不守信用的黑名单。除此之外，还包括按照约定的时间提交相关资料，按时完成双方提出的要求等。

谈判过程中，很多人容易犯这样的错误：就对方提出的要求不经思考便随意许诺，事后因无法实现只能出尔反尔。

例如，在谈判席上，当对方提出一些简单的要求时，若不经思考便轻易答应，事后回到公司很可能遭到上司（董事长）的责骂，诸如"你有什么权力自作主张！"只要代表公司进行谈判，就必须遵守已经达成一致的约定。所以，为了避免事后发生纠纷，在对方提出诉求时，你应该这样回答："我个人觉得没有问题，但是，请允许我和上司确认后再回复您。因为我的上司可能会有不同的想法和见解。"

你的随意许诺会让对方抱有很高的期望值，一旦无法实现，失望也会加倍膨胀，当然，不信任感也会随之产生。所以，把期望值控制在一个合理的范围内至为关键。相反，提前降低对方的期望值，并告知对方："我会尽己所能说服公司同意"，反而会给对方留下一个好印象。

2．开诚布公

事实证明，一味地固守秘密是无法取得对方信任的。只有开诚布公、坦诚相待才能让双方放下戒备，融洽地进行谈判。

但是，开诚布公也要注意以下四个方面：

（1）谈判时尽量使用专有名词

在谈判时，一些人习惯用"某大型企业""某交易对象"这样含糊不清的词语。我认为，只要不是恶意捏造对方的信息（或者签订了保密协议），为了取得谈判对方的信任，最好直言不讳地说出真实名称。类似"某……"这样的词语，缺乏可信度，会让对方认为你是另有隐情而故意隐瞒。

即使在向他人叙述个人经历时，不是也应该讲清楚曾在哪些公司就职过吗？如果只使用"某大型银行""某知名贸易公司"这样的说辞，会让对方怀疑你是因某种恶劣行径被公司辞退的。

（2）公开不利于己方的信息

我相信每一位销售员都希望通过自己的三寸不烂之舌

将产品销售殆尽。但这世间没有十全十美的产品（因为完美的产品会占据 100% 的市场），一味地鼓吹其优点，只会适得其反，不仅会让人觉得虚假，还会失去信用。谈判中也一样，你可以在陈述完优点之后，再公开一些不利于己方的信息，不仅会让对方觉得你襟怀坦白，也会增加你说话的分量，取得对方的信任。

（3）选择合适的时机公开信息

若在谈判初始就全盘托出，很可能被对方牵制。此外，一些经营方面的秘密若被对方知道，会让己方面临很大的风险。

因此，这类信息需选择合适的时机才能公开。最好提前和对方声明，一些信息需在签订保密协议、备忘录以及合同之后才能公开。

（4）学会随机应变

虽然从原则上讲和对方谈话时需要开诚布公，但是，有些话既然对方不问，己方也不必和盘托出（当然，严重影响对方决断的内容一定要坦言相告）。此时，就需要根据当时的具体情况随机应变了。

也就是说，公开信息时也需要一定的演技。

3. 尊重并理解对方的立场，获利后懂得回报对方

谈判过程中，对对方的主张不明所以的情况并不罕见。但是，总有一些人理所应当地认为其他人应该和自己抱有相同的想法，一旦出现分歧，就认为对方是荒谬无理的（这就是所谓的错误共识效应）。

因此，我们首先要认识到，谈判双方的立场和利害关系是不尽相同的。即便对方有自己的想法也是无可厚非的，只要我们耐心地听其解释缘由，并站在对方的立场看问题，定会理解对方。

有时，对方在做出一个决断的背后会有一些不为人知的理由，如果己方不主动询问，单凭自己毫无根据的猜测是得不出任何结论的。所以，若不理解或不认同对方的主张、观点时，应主动询问。装聋作哑从来解决不了问题，只会让双方渐行渐远。

此外，若对方做出妥协，己方也要在别的方面做出让步。只有不合格的谈判方才会步步紧逼，万事都以自我为中心。

4. 双方具有共同的利害关系

第一章阐述了谈判双方具有不同的立场和利害关系。但是，**在实际的商业往来中，谈判双方必然存在共同的利害关系**。例如，卖方致力于让买方对自己的产品和服务满意，而这一点恰恰也是买方所追求的。

卖方在推销商品时，总是极力宣传商品的优势所在，其实是想让对方对产品的优点有一个直观、具体的了解，这一点至关重要。若能让买方感觉到卖方确实在用心推销产品，且竭尽所能满足自己的需求，卖方便会赢得买方的信任。

在日常交易中，买方是否信任卖方十分关键。反之，在双方结束交易后，如果买卖双方之间还有持续的交易或服务支持，卖方对买方的信任也同样重要。

企业并购也是如此。我们还拿前文中提到的那位年事已高的董事长举例。即便他在卖掉公司后立刻隐退，不再负责公司的经营管理，但毕竟公司是他一手创办的，其中的艰辛只有他一人能懂，而且多年来，他已经视员工为家人，从感情上也难以割舍。所以，即便卖掉了公司，他也希望公司能够蓬勃发展。这一点充分证明：于卖方而言，至少在心理方面，公司未来的发展与自身存在着很大的利害关系（当然，收购公司的买方和公司未来的发展也存在着密不可分的利害关系）。因此，公司未来的蓬勃发展就是买卖双方的共同目标和共同的利害关系，只要抓住这一关键点开展谈判，便可轻松构筑双方间的信赖关系。

在谈判的初始阶段，切勿急于提出各种条件，否则，不仅会让对方产生抵触感，也不利于营造一个良好的谈判氛围。**我们要以双方的共同利害关系作为谈判的切入点，在提出各自的条件之前首先要建立起双方的信赖基础。**

5.赢得对方的好感

举一个极端的例子，女方遭男方家暴，却仍死心塌地地爱着对方。在这份强烈爱意的控制下，女方执意认为暴力也是爱的体现。所以，只要能获得对方的好感，就能轻而易举地收获对方的好评和信任。

赢得好感需要具备以下五个要素：

（1）得体的着装打扮

一个穿着打扮得体的人更容易获得他人对自己的人品和能力的认可。很多时候，一个人的某种特点若给人非常好的印象，在这种印象的影响下，人们对这个人的其他品质也会给予较好的评价。这种现象被称为"光环效应"。一个穿着打扮得体的人往往会被贴上性格极佳、值得信赖的标签，尤其在谈判初期，有利于促进双方良好关系的建立。

在商业往来中，一个人的穿着打扮要符合他所从事的行业的性质。例如，银行职员的着装打扮当然不能和演艺人员完全相同。

会见其他行业的人士时，究竟是穿符合本行业性质的服装，还是穿符合对方行业性质的服装呢？关于这一点，如果你从事的行业较为保守，你只需穿符合本行业性质的服装即可，无需特意迎合对方。但是，若你从事的行业自由开放，在会见较为保守的行业人士时，穿着打扮就需要稍微正式一些了。

微笑与眼神交流也很重要。

开会时,若能让对方看到你两至三次的微笑,对方就会在不知不觉中对你的印象大为改观。若你一次也不笑,对方会认为你很难相处或者是在生气(又或者是故意让对方看到你在生气),在不知不觉中对你加强戒备。话虽如此,但对于那些天生不苟言笑的人来说,没必要为了迎合对方刻意微笑或者谄笑。

适度的眼神交流也必不可少,不会用眼神去沟通的人往往给人不善于交流的印象。

再说句题外话,在日本的商务谈判中,留胡子不利于双方的谈判。因为留胡子的人给人粗野、顽固、任意妄为、好大喜功的印象,所以,对于那些以谈判为生的人,最好打消留胡子的念头。

(2)措辞得当

谈判时可以不拘小节、单刀直入,但是一定要谨记"再亲密也要有礼有节",所以措辞得当与否至关重要。日本人喜欢论资排辈,对于比自己年纪小的人,喜欢用"某某君"

来称呼对方，但是，这只适用于公司内部。若这般称呼其他公司的人，就是显而易见地贬低对方，会让人觉得此人毫无常识。

此外，为了不给人留下毫无礼节的印象，你在说话时可以对自己的措辞稍加修饰。例如，在不了解对方是否对自己的产品感兴趣的前提下，就贸然先说出此款产品的价格，是十分失礼的行为。尤其对于那些价格昂贵的产品，在对方还未表现出任何好感之前，先提价格是十分不礼貌的。此时，你可以这样说："虽然我不知道您是否对这款产品感兴趣，但是，请允许我先向您介绍一下这款产品的价格体系。"像这样，对措辞稍加修饰就能立刻缓解双方的紧张气氛。

即使在企业并购时的高层会谈中，偶尔也会出现买方以傲慢的姿态擅自决定收购对方公司的情况。在谈判还未达成一致之际，卖方当然有权决定是否将公司卖给对方，所以买方在未征得卖方的同意下，就单方面陈述收购公司后的种种构想，着实有失礼数，对卖方也是一种伤害。

此时，买方可以这样说："我们今天能齐聚一堂，是上天赐予我们的缘分。如果今后我们还能再续此缘，让敝司接收贵公司的话……"如果能让对方感受到你在用词方面深思熟虑,接下来的谈判自然会水到渠成。

(3) 寻找共同点

若能找到双方的共同点,就可以轻而易举地打破彼此间的隔阂,拉近双方的距离,其固定模式是:寻找共同的朋友,或谈论出生地、毕业学校、兴趣爱好等。若双方有共同的朋友,便可以向这位朋友打听谈判对方的各项信息,从而拉近彼此间的心理距离。

在此期间,最好使用专有名词,明确具体的人名和地名,也能让对方发现彼此的共同点。

(4) 增加接触次数

事实证明,谁都不会与只见了一两次面的陌生人签订重大协议。只有通过多次见面,双方才能了解彼此的人品,在逐渐的熟悉中拉近双方的距离。

这里提到的增加接触次数,并不只局限于面对面接触,打电话和发邮件也能起到相同的作用。总之,勤于沟通十分重要,尤其针对谈判对方急需的信息资料,切勿等到对方催促才匆匆应对,一定要提前且积极主动地联系对方。

(5) 学会示好

现实生活中,经常会出现这种情况:明明不喜欢一个人,但偏偏被此人告白很喜欢自己,久而久之,自己也会喜欢上对方。所以,为了赢得对方的好感,己方可以主动向其示好。

这世间,大部分人最喜欢的还是自己,但如果有人对你示好,证明你们有着十分相似的价值观。这一点和前文提到的寻找共同点有着异曲同工之处。所以,向他人示好很可能会赢得他人的好感。

尤其在赞扬谈判对方中的年长者时,你可以这样开头:"在您看来,我作为一个后辈,对您说这样的话或许有些冒昧,但是……"随之即可说出对对方的赞美。这样一来,对方当然不会拒绝你的好意,反而会十分开心。

6. 利用威望及社会评价的影响力

在某一领域独树一帜的人、社会地位高的人,或者像律师及注册会计师一样具有专业资质的人，本身就代表一种权威，所以这类人更容易赢得他人的信任。

此外，得到周围人一致好评的人也容易赢得信任。

近年来，为了更好地了解一个人，很多人选择通过网络搜索其姓名、查看周围人对他的评价，从而判断此人是否值得信赖。尤其是金融机构和风险投资机构，必定会做此项确认。由此可见，网上的评价与个人命运息息相关。

一部分人为了满足自己的虚荣心，到处炫耀自己的社会威望，结果适得其反。大家一定要以此为戒。

例如，董事长的房间摆满了他与名人（知名企业家、政治家、运动员、明星）的合照及签名，故意炫耀自己的名片夹里众多知名人士的名片，以及到处宣传自己与这些名人是很好的朋友。但这些究竟是徒有虚表还是货真价实，我们不得而知。

若对方仅是一个普通人，不可否认，他的这种炫耀方式的确能获得一部分人的认可。但是他也会被认为是"狐假虎威"之辈，失去他人的信任。

以上就是我对建立双方信任关系的方法的阐述。**只要能**

赢得对方发自内心的信任，即使让对方有所让步，也不会影响双方达成协议的进程。也就是说，赢得对方的信任可以提升己方的谈判实力。当然，己方不能利用对方的信任恣意妄为，强迫对方满足自己提出的条件。否则，千辛万苦赢得的信任会毁于一旦。

说到底，所谓信任，只是针对个人的信任，并非对一个组织或团体的信任。即使有人口中说着"我信任这个公司""我信任这个国家的政府"，但事实证明，任何公司和政府中都有不值得信赖（不可靠）之人。

因此，对团体的信任也是建立在对其成员认可的基础上的。

第三章

让双方都满意的谈判策略

---------------------------- Negotiation ----------------------------

选择合适的谈判对象

虽然我在第一章阐述了决定谈判实力的七个要素,但并没有强调其前提条件,即你是否有足够的实力应对坐在你对面的谈判对手。换句话说,你已经决定好了让谁成为你的谈判对手了吗?

在有多个谈判候补对象的情况下,**相较于如何绞尽脑汁与对方谈判,选择与谁谈判更为重要。**

例如,商品销售方与其浪费时间周旋于不重视其产品、没有多余预算的买方之间,还不如花时间寻找能认可其产品且资金充裕的买家。

像石油这样的生活必需品,其价格受市场竞争的影响。虽然从不同的买家购买石油的价格不会有几倍之差,但其价值却有着天壤之别。

现实生活中,经常会出现这样的情况:对 A 公司来说分文不值的商品(公司),于 B 公司而言可能价值一亿日元,于 C 公司而言可能有十亿日元的价值。此时,大可不必徘徊于 A 公司和 B 公司之间,直接找到 C 公司,与其谈判即可。

不同的行业都有专属的中介公司,例如房产中介公司、人才中介公司、企业并购的中介公司等。这些中介公司的最大作用就是帮你找到最合适的谈判对手(具有**匹配功能、发现功能**)。

一定要和多家公司同时谈判

关于和谁谈判，还有一点值得注意：**尽可能与多家公司同时谈判。**

例如，卖方先和 A 公司谈判，A 公司开价两亿日元，而卖方的期望价格是四亿日元，因此卖方拒绝了此次合作，开始和 B 公司谈判。当 B 公司出价三亿日元时，卖方就会难以抉择，陷入两难的境地，因为卖方也无从得知三亿日元是否是最佳报价。

因此，卖方会将 B 公司暂作保留，甚至未经 B 公司同意就私下寻找下一个谈判对象。结果，不仅没找到开价更高的谈判对象，还伤害了和 B 公司之间的信任关系。此时，再和 B 公司谈合作，很可能被对方要求降价。

若卖方一开始就和包括 A 公司和 B 公司在内的十家公司同时谈判，就有可能打破上述僵局。例如，A 公司开价两亿日元，B 公司开价三亿日元，C 公司开价四亿日元，即使其他七家公司都与卖方的期望值相距甚远，卖方也能很快判断出 C 公司就是自己的最佳选择，毫不犹豫地和 C 公司展开谈判并签订合同。

此外，和多家公司同时谈判不仅能将卖方的利益最大化，对买方而言，即使以卖方认为的最高价格进行了购买，也有自信在未来创造出更多的价值。

将商品或公司卖给能产出最高附加值的买方，可以实现资源的优化配置，也对经济的发展大有裨益。

不可遗漏重要的利害关系人

关于谈判对象，我最后想强调的一点：即使步入谈判的最后一步，也会因为忽视重要的利害关系人导致功亏一篑。所以，万万不能低估重要的利害关系人的影响力。

例如，某公司想在发展中国家与当地的公司合作，成立合资公司，并实现在当地的生产。虽然谈判对手是当地公司的董事长，但此公司的技术负责人、当地居民、政府等很可能成为重要的利害关系人。

若你对技术负责人的意见置之不理，很可能导致项目中途受挫，陷入失败的深渊；若遭到当地居民和政府的反对，也可能功败垂成。所以，一定要做到未雨绸缪。

这需要在谈判的初期就调查清楚是否存在这样的利害

关系人。同样，若己方也存在隐藏的利害关系人，最好开诚布公地告知对方，在谈判中坦诚相待。

如若不然，很可能因利害关系人的反对，导致谈判在最终阶段功亏一篑。届时，类似这样的指责声可能会不绝于耳："你们明明从一开始就知道其中的利害关系，却迟迟未告诉己方。如果你们能提前告知，我们也能早做准备，防患于未然。"双方的信赖关系也会因此毁于一旦。

虽然是否有利害关系人被卷入其中、是否需要采取对策说服对方都是因事而异的，但为了防微杜渐，我们也应该一边和对方确认是否还存在被遗漏的利害关系人，一边进行谈判（若己方有不得已的苦衷，无论如何也不想让对方知道己方存在的利害关系人，那么就需要己方私下协调好关系，提前征得利害关系人的同意）。

一般情况下，谈判涉及的人员越多，谈判期就会越长，达成协议也会难上加难，所以最好和对方提出"尽可能减少做决策的人数"的要求。总而言之，**需要在谈判初期就明确双方的谈判中是否存在重要的利害关系人。**

"打包式"谈判

在普通的谈判中,很少会出现谈判双方只为了一个话题而争论不休的情况。

因价格引起的争论往往是因为一方获利导致另一方利益受损,即我们常说的"零和博弈"。因此,双方会展开心理战,寻求一个妥协点。在实际的交易中,双方的争论点往往离不开下面五个方面。这五个方面是日本的销售公司蓬勃发展时期被广泛使用的,被称作**"买卖的五个条件"**。

①商品(品质);

②数量;

③价格;

④交货期(交货条件);

⑤支付条件。

若同时存在多个争论点，并且谈判双方只是在出现问题后才着手——通过谈判解决的话，不仅浪费时间，达成协议也会变得任重而道远。

所以，**己方需要从一开始就明确所有可能出现的争论点，并围绕这些争论点提出期望条件**，同时也要将对方提出的争论点一一列举出来，并针对对方的建议提出还价要求。

这样一来，谈判双方就能在较短的时间内同时探讨所有的争议，而且不论双方最终能否实现成功谈判，都要尽早做决断，这对于双方而言也是百利而无一害的。

不要因为对方不主动提出争论点，己方就要保持沉默。否则，一旦问题暴露，双方为此争执，就会让谈判回到原点。为了避免这种情况的出现，**在谈判初期就要明确可能出现争论点，进行"打包式"谈判**。

谈判双方应彼此体谅各自在意的优先顺序

"打包式"谈判中有一点非常重要,即对谈判双方究竟重视哪些项目做到心中有数。只有分清了孰轻孰重,才能为了各自所重视的项目倾尽所能,并竭尽全力让对方妥协。相反,针对自己不重视的项目,可以做出妥协让步。这样一来,更容易促使双方达成协议。

以"买卖的五个条件"中的"价格"和"支付条件"为例,于卖方而言,若买方提出合理的降价要求,也不是不能接受。相较价格因素,他们更重视支付条件,总是希望买方能尽快支付。而于买方而言,他们并不在意支付条件,能让卖方降价才是自己的终极使命。

此时,买方可以利用立即支付的条件向卖方提出降价的要求，那么卖方很可能会做出妥协。这个例子中只提到了两个争论点，比较简单，而实际的谈判中会同时存在多个争论点，但不管争论点是多是少，上述方法始终有效。

推进创造性的谈判

谈判双方虽然进行了"打包式"谈判,却仍然无法达成一致,眼看谈判已经陷入绝境,此时,不妨寻找一个创造性的、能满足双方诉求的一致点,才有可能让谈判起死回生。

例如,在前一个案例中,买卖双方也有可能在"打包式"谈判后仍无法达成一致。卖方重视支付条件的原因也可能是因为当时的资金周转出现了问题,若此时买方雪中送炭,通过借贷及注入资金的方式帮助卖方渡过难关,则可能会推动双方的谈判走向成功。

所谓创造性的谈判,是指**不从双方一直以来的争执点入手,而是另辟蹊径,从其他方面考虑解决问题的方法,最终让双方满意,并达成协议。**

谈判给人的感觉是谈判双方为争夺一块馅饼而斗智斗勇，我们称之为"**固定馅饼偏差**"。

若谈判双方都持有这种想法，长此以往，就会让谈判变成**零和博弈**，谈判双方视彼此为死敌。所谓零和谈判，就是一方的收益必然意味着另一方的损失，并且双方的收益和损失相加总和为零。这种谈判方式也被称为**分配谈判**。

除此之外，还存在另一种谈判方式，即当双方的谈判陷入绝境之际，可以通过合作让饼变大，并实现双方利益和满意度的最大化（**组织回报最大化**）。为此，双方需要集思广益，一起为寻找到令双方满意的一致点而努力。这种谈判方式被称为**整合式谈判**。

因此，我们应该具备这种意识：若一张馅饼的大小为100，其70%就是70；若馅饼的大小为150，其50%就是75。所以，馅饼越大，谈判双方越能最大化地实现自己的利益。

此外，**将创造性的解决方案作为谈判陷入绝境时的缓冲器，也是一个谈判技巧**。

在实际的谈判中，即使我们有多个创造性的谈判方案，也要有所保留，切勿一次性和盘托出。否则，当你真遇到难题时，只能束手无策。总之，这些创造性方案是有百利而无一害的，即使谈判非常顺利，没有在谈判过程中用到这些方案，达成协议之后再提出也会对双方大有裨益。

重视非金钱动机

除了要体谅谈判双方在意的优先顺序，为了找到令彼此满意的一致点，实现双方利益和满意度的最大化，也需要探究双方的动机。

"这个人为什么要这样做，他有什么目的、怀有什么样的动机？"探究他人行为背后的动机，养成这一习惯非常重要。但在此之前，我们先要了解自己，从探究自身的动机开始。

罗马帝国五贤帝时代的最后一个皇帝——马可·奥勒留，在公元 2 世纪写成的《沉思录》中也发表了相同的观点。我认为此观点在谈判中同样适用，并值得每一位谈判人深思。

事实证明，动机是推动人类做出最终决定的内在动力，也是促使人类做出某种行为的原因所在。

为了获得销售奖金就是一种动机的体现。但是，**所谓动机，不仅包括对物质、对金钱的追求，还出于对社会评价（希望自己是他人眼中的好人、公平公正的人）、利他之心（想要助人为乐）、和自己心中理想的形象一致（想成为品格高尚的人）、自我价值的实现（尽己所能度过充实的一生）、和他人友好相处等追求。**

也就是说，动机是人们可以获得多少报酬、评价及满足。在谈判中，弄清对方受何种动机的驱使非常重要。

有关动机的话题，迈克尔·莫布森在其著作《反直觉思考》（*Think Twice*）中讲述了很多耐人寻味的故事。接下来，请允许我向大家简单列举一二。

在某神经外科的研讨会上，主办方就脊椎手术的两种方法征求了各位出席医生的意见。其中一个方法是插入椎间盘摘除的器械，这虽然是一种新式手法，但多数医师表示支持此方法。当然，另一种方法就是不插入器械，但是，基本没有医师赞成此方法。

接下来，戏剧性的一幕出现了。当被问到"若患者是您的妻子，大家会采用哪种方法呢？"多数人都毫不犹豫地选择了后者。究其原因,在手术过程中,采用先进的技术、增加手术难度,外科医生会获得非常丰厚的报酬。

上述案例证明了一点,**所处立场一旦改变,动机也会随之变化,当然,**人们做出的决策和举动也会迥然不同。在谈判中也是如此,我们需要站在不同的立场看问题,探究双方各自的利害关系。

此外,一定要当心"**拉高出货**"。很多人为了谋取个人利益,扭曲事实、违背本心,对他人的利益视而不见。

例如,我们经常听到证券公司的营业员对投资人说"这个时候买进再合适不过了,您不妨考虑一下""快卖出 A 股,买进 B 股吧"。众所周知,证券公司是靠收取投资人买卖时的手续费获利的,所以,这一点大家都能理解。

但是,若证券公司的营业员真的能掌控股市,知道哪些股票赚钱,知道应何时买进卖出,他们当然不会告诉他人,自己就会坐收渔翁之利了。那么,他们为什么能那么笃定地说服投资人呢?其背后的动机值得我们每一个人深思。

正面询问你想知道的事情

在明确了谈判对方的利害关系、在意的优先顺序,以及动机之后,我们如何探知一无所知的内情呢?

据人类学家爱德华·霍尔分析,日本属于高语境文化的国度,即经常使用非语言交流方式,并且需要根据当时的实际情况领会对方的话外之音、言外之意。但是,我个人认为,在谈判中,为了避免产生误解,实现双方利益的最大化,对于你想知道的信息,最好直截了当地询问对方。

那些自认为是谈判家的人,总是喜欢从对方公司的人际关系、幕后信息甚至道听途说中寻找蛛丝马迹,制定谈判战略,殊不知这些捕风捉影的信息很可能引起谈判双方相互间的猜忌和误解。

很多时候，如果我们能直截了当地询问对方，可能会意外地被对方坦诚相待。即使对方含糊其辞、答非所问，我们也能从对方的反应中获取有益的信息。相较毫无依据的推测，正面询问才是明智之举。

相反，若遭到对方的正面询问，我们可以将己方最重视的诉求坦言相告（当然，不能提出违法的要求）。这样一来，若谈判达成一致，己方最重视的诉求很可能最早实现。

但是，**最好不要告诉对方己方不重视哪些项目**。

例如，谈判双方围绕 A、B、C 三个争论点进行探讨。虽然己方只重视 A，不重视 B 和 C，但我们可以这样告知对方："对于 A 和 B，我方绝对不会妥协，但我们会考虑对 C 做出让步"。在接下来的谈判中，如果己方也对 B 做出妥协（虽然己方并不重视 B），对方很可能也会为了己方最重视的 A 做出让步，甚至拿出更丰厚的条件。

电话、邮件、会议、书面文件的优缺点

谈判时,我们需要根据实际情况选择不同的沟通手段。

通常意义上的沟通手段包括:电话、邮件、会议、书面文件。下表中汇总了不同沟通方式的优点和缺点,请大家**根据实际的情况和目的选用最合适的沟通手段**。

四种交流手段的优点、缺点

交流手段	何时使用	优点	缺点
电话	•想知道对方的第一反应; •想做简单的确认,试探对方的意向。	•谈话氛围轻松、无需拘谨; •可进行一些简单的确认。	•可能会引起无休止的争论,且得不到好的解决方法; •不适合长时间探讨(最多三十分钟)。

续表

交流手段	何时使用	优点	缺点
邮件	• 想向对方说明具体条件； • 想让对方认真思考后再做回复； • 有多个确认事项。	• 能作为证据留存； • 可在方便的时候收发信息； • 能和多个人同时交流。	• 无法传达语义的微妙差异，容易招致误会； • 即使确认一些简单事项，也需要花费一定时间。
会议	• 想直接了解对方的反应； • 想与对方进行心灵的沟通，产生情感的共鸣； • 想直接会晤对方的决策者，打破停滞不前的局面。	• 能第一时间看到对方表情，逐渐熟悉对方的人品，让双方的联系更加紧密； • 在反复探讨后，增进相互间的理解； • 能和多个人同时交流。	• 需要花时间决定会议时间和地点； • 需要确认对方的会议纪要，否则会引发漫无止境的争论。
书面文件	• 想让对方感受到一定的约束力； • 想更接近正式的合同。	• 虽然这些书面文件还未产生法律效力，但能让对方感受到一定的约束力。	• 需要斟酌资料中的语句，同时也要花时间办理公司内的各种手续。

例如，在己方提出正式的诉求之前想做简单的确认，并且想了解对方的第一反应时，可采用打电话和开会的方式。但是向对方传达具体条款时，必须采用邮件或者书面通知的方式，这样也能避免双方在事后产生纠纷。

此外，若想得到对方深思熟虑后的答复，发邮件要比打电话更有效，原因是在同时出现多个争议点时，打电话并不能做出全面的解答。但是，若使用发邮件的方式，就有足够的时间反复修改，做出更全面、更准确的回复。

若想加快推进谈判进程，双方产生情感的共鸣，采用开会的方式则最为有效。事实证明，一些通过邮件和电话无法解决的议题，只要双方的决策者开会协商，很可能会打破停滞不前的局面。

此外，像意向书、谅解备忘录这样的书面文件虽然不具备法律效力，但能让对方感受到一定的约束力。在后文中我还会讲到承诺一致性原则，也会促使谈判双方自觉遵守已达成一致的事项。

若不想让双方签订的确认书和备忘录具有法律效力，一定要做好备注——"此条款不具有法律约束力"，否则这些文书与正式合同一样，同属法律上有效的文件。

和外国人谈判时的注意事项

我的职业生涯始于海外业务,在那之后,也一直从事和国外公司的业务往来,和外国人的谈判可谓数不胜数。因此,我想强调的第一点是,在和外国人谈判时,无需思虑过多。

不可否认,谈判方式应该根据对方国家的文化习惯有所改变。**在日本,谈判时会考虑行业习惯、企业的固有文化、性别、年龄差异、个人性格等因素。所以,不会因为与对方国家的文化不同而改变自己固有的思维方式。**本书中阐述的谈判思维、谈判技巧当然也适用于与外国人的谈判。

话虽如此,但在和外国人谈判时,我们仍需要注意以下几点。

有为数不少的外国人视谈判为游戏,所以当严谨的日本人拿出精心策划的方案后,有时会遭到对方的言语攻击、猜忌与质疑。此时,从日本人的视角来看,对方的不满肯定源于不接受自己的主张。但是,我认为,面对此情此景,你完全可以认为**对方是在夸大其词,是在向你展示他们的演技,所以无须思虑过多。**

对于外国人而言,无论谈判过程多么激烈,只要达成协议,他们会满脸笑意地主动和你握手,而此时的你,可能还沉浸在激烈的谈判中,或对此仍心有余悸。这大概就是外国人视谈判为游戏的表现吧!

有时,外国企业会提出一些荒谬无理的要求,如果你不了解他们的谈判方式,一定会陷入苦恼之中。究竟该断然拒绝,还是听其建议,在一定程度上满足对方呢?可是满足了对方的要求,自己的利益就会受损。但是,事实证明,很多时候,当你还在为两难的抉择苦恼时,**对方会很轻松地告诉你,实现不了也无所谓。所以不必一筹莫展,坚持你的主张即可。**

在和外国人的谈判中,日本人经常犯这样的错误:当被对方询问意见时,总是保持沉默。**在国外,不发表任何言论的人会被贴上不思考、智商低的标签。因此,即使你不是决**

策者，也要多思多想，提前做好准备，这样你在被询问时也能流利作答。若你每次的回答都是"我向上司确认后再回复您"，会被对方视为"对谈判毫无价值的人"。

日本人对说英语有着强烈的自卑感，只要听不懂对方在说什么，就完全归咎于自己，几乎不会让对方再说一遍。久而久之，会出现这样一种现象：即使参加谈判的日方人员都未领会对方的意思，也无人主动询问，反而在会后聚集一堂讨论、猜测对方想表达的意见。但是，我认为这种现象有百害而无一利。**只要你没听懂，无需多虑，一定要让对方再讲一遍，这样也有助于你更好地理解对方想表达的观点。**

此外，谈判中使用翻译人员也是一种选择，我也曾做过翻译，深知给日本人翻译时的苦楚。因日本人言辞委婉、表达模棱两可，翻译起来十分困难。

嘴上答应"为了双方能长久地合作下去，定会慎重探讨您提出的问题"，但事实如何呢？真的会积极探讨还是会半途而废呢？翻译时需要把其中的语义差异传达给对方吗？这着实令人苦恼。所以，**使用翻译人员时，一定要用连孩子都能听得懂的语言，将自己的主张清晰明了地传达给对方。**

最后，关于谈判决策的速度，国外的公司多采用上情下达的管理模式，所以，决策速度较快。而日本的公司则需要层层提交书面的请示报告，并请各级负责人盖章确认，这样漫长的等待早已让对方急不可耐了。

久而久之，这也会让对方怀疑日方是否真心诚意地想合作。所以，**在和国外的公司谈判时，一定要重视速度带来的影响，尽可能提高办事效率。**

千万不要和这几类人谈判

有时候,我们明知对方是奸恶狡猾之辈,却被逼无奈,只能与其谈判。所以,如果能选择谈判对手,一定不能和以下这几类人谈判:

①对构建信任关系漠不关心的人;

②不守承诺的人;

③只在乎自身利益的人;

④就核心问题意见不合的人;

⑤借故请假后就失联的人;

⑥毫无常识的人。

在谈判过程中，一旦得知对方属于上述类型，切勿犹豫，一定及早终止谈判，否则等待你的必将是损兵折将、遍体鳞伤。

此外，有些时候，我们需要故意让对方认为己方是"不能合作的伙伴"。例如，明明己方不想和某人谈判，或者想终止谈判，但迫于人际关系或其他方面的压力无法拒绝的时候，我们可以故意成为上面提到的"只在乎自身利益的人"，这样既能让对方放弃合作，也不会太影响己方的名誉。

又如，某公司有意与己方合作，但因某些原因己方并不想与之达成协议。此时，己方可故意漫天要价，并明确表示毫无商量可言，以此迫使对方放弃。

虽然上述提到的这些应对之策可能会破坏双方的关系，但无法直言"我方不想与贵公司合作""我方业务繁忙，无法接受贵公司的订单"的时候，可放心使用。

第四章

高层次的心理谈判

Negotiation

西奥迪尼法则：让对方说 YES 的六个"武器"

若大家能在实际的谈判中践行前文中提到的谈判知识、思考方式，定会有所成效。即使是那些面对谈判举步不前、畏首畏尾的人，也会一改往日的面貌，无所畏惧地勇往直前。那么，从本章开始，我要为大家讲解更为高级、超越双赢的谈判技巧。

本章介绍的谈判技巧多涉及心理学的内容，尤其是社会心理学（西奥迪尼法则）和行为经济学，它们对谈判大有裨益。

首先，我来向大家介绍西奥迪尼法则。

社会心理学家罗伯特·西奥迪尼在其著作《影响力》一书中，向我们阐述了让对方说 YES 的六个武器，下面我为大家一一介绍。

1. 互惠；

2. 承诺和一致性；

3. 社会认同；

4. 好感；

5. 权威；

6. 稀缺性。

这六个具有影响力的"武器"被称作西奥迪尼法则，并被广泛应用于市场营销中。其实，在谈判的世界里，这六个"武器"也能发挥巨大的效力。

接下来，我会通过举例详细介绍如何在谈判中使用这六个"武器"：

1. 互惠

在现实生活中，我们习惯礼尚往来，也就是说在接受别人的好意后，以同样的做法回报对方。简单来说，就是"给予"和"索取"的关系。

这在谈判中也是屡见不鲜。

事实证明，对于接受恩惠的一方而言，在刚接受恩惠的时候，恩惠体现的价值是最大的。随着时间的推移，恩惠的价值会越来越小。而对于施与恩惠的一方而言，恰恰相反。他们会认为，在刚施与恩惠之际，恩惠的价值最小，反而在一段时间后觉得自己施与的恩惠价值越来越高（出自诺亚·戈登斯坦、斯蒂芬·马丁、罗伯特·西奥迪尼所著的《说服力》）。

若一方做出让步，当然也希望对方给予回报。若对方完全无意退让，施与方应当机立断地提出要求，促使对方让步。而接受方虽然无需立刻做出巨大妥协，但也应该明白，随着时间的推移，施与方可能提出更为苛刻的要求，所以三思而后行才是明智之举。

那么，应该做出何种让步呢？**应该选择那些于己方而言重要程度低，而于对方而言重要程度高的项目。**这样一来，便能以最小的牺牲换取对方最大的让步。

关于谈判的地点，众所周知，在自己的地盘更有利。但"互惠"原则主张：在哪里谈判并不是一成不变的，有些时候，在对方所在地开展谈判更为有利。特别是当谈判双方的距离非常远时，若己方主动提出在对方的所在地谈判，便是给对方施与恩惠，或许能意外得到对方特意准备的"土特产"（诱人的条件）。

此时，我不由得联想到了自己的一些亲身经历。犹记得那一年，我刚迈出校园的大门，在一系列的求职后，我最中意的某销售公司和某银行同时通知我应聘成功。但究竟去哪里就职，我曾一度迷茫，不知所措。**于是，我将自己的想法如实告知了销售公司的人事部**。记得当时已经是晚上 10 点了，人事部的负责人听了我的想法后，立刻说："你有什么担心、迷茫的地方，或许我能尽一些绵薄之力。我这就去你那边，请你稍作等候。"而这位负责人真的信守承诺，千里迢迢来开导我。

当时的我还对谈判一无所知，于是心怀感激、毫不犹豫地选择了这家销售公司。

此外，在谈判中经常使用的"**以退为进法**"也是互惠原则的一个体现。

以退为进法，是指劝说者通过提出一个会被拒绝的离谱要求来让被劝说者同意第二个较为合理的请求，它比单独提出"合理的请求"更容易被接受。

离谱要求后的让步就属于恩惠的施与，能让对方轻而易举地听取甚至采纳己方提出的要求。这也是利用了人们很难做出多次拒绝行为的心理，因为总是拒绝他人会被贴上难相处、钻营取巧的标签。

但是，使用以退为进法的前提是：提出的要求不能过分离谱，否则会被对方认为不懂常识、为人不坦诚，反而会弄巧成拙。

为了能让对方满足己方提出的要求，可以多给对方提供几个选择，这也是互惠法则的实际应用。它同时也利用了人们这样的心理：一方精心准备了多个选项，作为回报，另一方也一定要从中做出选择。

但是，**选项太多的话，反而会让人举棋不定**。所以，两三个选项为最佳，最多不能超过六个。

利用互惠性法则的关键是：**己方做出一项让步，对方也应做出回应，己方不能连续两次妥协**。

2．承诺和一致性

在现实生活中，人们一旦下定决心做某事，往往都会付诸行动，努力去实现。原因有两点：一是多数人都希望自己的言语、信念、行为保持一致，二是希望给他人留下言行一致的好印象。

与此同时，对某个决定的承诺性越低，越不容易受到此前所做决定的影响，越能做出较为理智的判断。

承诺和一致性原则在谈判时的应用如下：

言行不一的人很难得到他人的信任，相反，信守承诺之人的品行和智慧都会得到他人的认可。所以，为了让对方认为己方是值得信赖的合作伙伴，切记要做到始终如一。

当然，己方致力于"坚贞不渝"的同时，也是承诺和一致性原则效果最显著之际，己方可以借此筹码**让对方做出决断、做公开的承诺，并督促其守约。**

具体而言，我们可以这样做：己方在提出诉求后，不采用强迫的方式让对方同意，而是像前文"互惠"原则里讲到的那样，给对方多个选择，让其在谈判桌上做出决断并自觉遵守。

退一万步讲，若对方拒绝了己方准备的所有选项，只要己方在谈判桌上满怀诚意地拿出其他选项，并提出让对方当即做决定的请求，便能促使对方从中做出选择。由此可见，承诺和一致性原则在谈判中发挥着十分重要的作用。

此外，谈判中经常使用的"**登门槛效应**"和"**低球技术**"也是承诺和一致性原则的实际应用。

登门槛效应又被称作"**得寸进尺效应**"，是指**首先想办法让对方接受一个微不足道的要求，一旦对方接受，立刻提出真正想让对方允诺的要求**。

低球技术是指以有利的条件为诱饵，让对方做出决断。之后，拿走一部分有利条件或增加新的有利条件循序渐进地实现自己的最终目的。

这两种谈判技巧都是通过引导对方不断说 YES 来达到最终目的，利用了人们一旦将 YES 说出口，即使条件发生变化也很难说 NO 的心理。

你若使用这两种技巧，很容易被对方认为口蜜腹剑、心怀不轨。虽然我不会积极提倡大家使用这两种技巧，但是，我希望通过我的讲解能让大家对这两种技巧有所了解，否则一旦别人用此方法来诱导你，你只能浑然不知地乖乖上钩。

3. 社会认同

所谓社会认同，就是把他人认为正确的事物作为自己判断是非的基准。在特定情况下，若多数人都在做一件事，那么就会认为这件事是正确的，当然自己也认同此事的正确性。

社会认同原则在谈判时的应用如下：

例如，在推销自己公司的产品和服务时，一定要强调本公司的产品被其他公司（尽可能列举一些知名企业，或者和买方同属一个行业的企业）采用的业绩，以及本公司因某些特殊优秀业绩被刊登在日本经济新闻、一流经济类期刊的事迹。

毕业生的求职活动也是如此，有的人能拿到多个 offer（录用通知），而有的人一个都拿不到。很多时候，只要能拿到一个 offer，其他 offer 也会接踵而至。

其原因是，拿到多家 offer 的学生会被贴上炙手可热的标签，而企业的人事部只能在短时间内根据手中掌握的有限信息决定是否录用，所以人事部会受到社会认同的影响，优先录用 offer 多的学生。

企业并购的中间人向买方推荐销售项目时，要了解买方的心理动态。通常情况下，买方对那些炙手可热的销售项目非常感兴趣，所以一定要暗示买方还有其他公司对此项目虎视眈眈。

可以按照下述方法暗示买方：向买家公开一些卖方的信息，而这些信息恰恰是买方一直想知道的，只不过卖方一直不肯透露。你可以暗示买方，这些信息也是其他买家多次要求才拿到手的。

但是，有一点希望大家注意，夸大其词的暗示会让买方觉得此并购项目高不可攀，即使投入大量的人力、物力，也无法实现。当然，该方法也会让买方认为此次的收购价格是自己望尘莫及的，最终会导致谈判还未开始，买家就抽身而去。

综上所述，如果有多家公司对同一个项目抱有兴趣，更容易吸引其他买家的眼球。此外，**即便前期有多家公司竞争同一项目，若此项目仅止步于讨论阶段，只能证明项目本身并无想象中那么大的魅力。**

在社会认同中，**人们最关心和自己属于同一行业的企业**

动向，并深受其影响。所以，若想激发买方的收购欲，可以告诉他们：和他们同属一个行业的企业都对此收购抱有兴趣。

社会认同的实际应用还包括：为了让买卖双方认可收购价格，可以用一些客观的数据向双方展示目前的市场行情；也可以让中立的第三方做评估，或者列举此前类似的交易案件，或者将评估对象的各项指标套用在通用的评估方法中进行计算。

4. 好感

当我们面对自己喜欢的、有好感的人所提出的要求，即使这个人刚接触不久，甚至只有一面之缘，我们也会很容易答应、顺从。这便是"好感"原则的体现。

好感原则在谈判时的应用如下：

找到双方的共同点更容易赢得对方的好感，也更容易让对方听取己方提出的诉求。因此，在和对方的第一次会谈中，你可以先通过寻找共同点（共同的朋友、大学、出生地等），营造良好的谈判氛围，否则一见面就进行公司介绍或直入主题地进行谈判，会让对方认为你在强调双方间的不同立场，给人以不可逾越的距离感。

谈判前的自我展示有助于双方达成协议。通过介绍个人的成长经历、畅谈对商业谈判的感悟，对方会在最短时间内了解你的人品，并且你会赢得对方的好感。

但是，做任何事情都要把握好尺度。之前，有一位董事长在和对方的第一次会晤中，为了缓和双方间的尴尬气氛，不惜透露自己多次失败的婚姻经历，反而适得其反，对方开始怀疑他的人品。

诺亚·戈登斯坦在前述的《说服力》一书中曾写道：餐厅的工作人员若能复述客人所点的菜品内容，便可获得更多的小费。其中蕴含的方法和技巧同样适用于谈判。但是，复述菜品时，单纯的鹦鹉学舌是行不通的，同时要概括对方的语言，还要以确认的口吻进行复述。这样一来，不仅便于客人理解，也能赢得对方的好感。

此外，拥有知名度也能增加对方的好感。

相较于一个无名企业，我们常常会无意识地认为知名企业更能提供物美价廉的商品和令人满意的服务。只因对方是知名企业或者上市企业，就能赢得多数人的好感，并轻而易举地达成协议。那么，对于那些名气小、非上市的企业，如何赢得好感呢？我认为向对方强调公司的交易业绩至为关键。

接下来，我想给大家介绍一条经典的谈判战术："**好警察和坏警察**"**战术。**

此战术最初用于对犯人的审讯。一人扮演态度蛮横的坏警察，一人则扮演同情甚至支持罪犯的好警察。此方法能让罪犯对好警察抱有好感，进而坦白其罪行。好警察和坏警察战术利用了"好感"和"互惠"的原则。

有时，在实际的谈判中，坏警察并不用出现在谈判现场。

例如，"关于您无法实现己方的这一诉求，就算我同意，董事长也不会答应"。像这样，让不在场的董事长充当坏警察的角色，而你则扮演好警察的角色，假装你和对方站在同一条战线，会促使对方满足你提出的诉求。

于对方而言，面对这种情况，最佳的破解方法是在谈判早期，就和你所在公司的董事长直接会谈。

除此之外，得体的着装打扮、得当的措辞、增加接触次数也能赢得对方的好感。这些具体内容已在本书的第二章进行了阐述，请大家参照之前的内容。

5．权威

人类有一种服从权威命令的天性。对权威人士的服从，不需要个人做主动思考，个人也无权做任何决断。

权威原则在谈判时的应用如下：

在商界，拥有相关资质（律师或注册会计师）、跻身上市公司队伍、地位高、权限大即是权威的体现。在谈判中，若能拥有这些资源，就能引导谈判朝着有利于自己的方向发展。

谈判时，你需要根据对方的公司规模、谈判的重要程度选择出席人员。否则，对方会认为你不懂礼节，也不重视此次谈判。

就拿企业并购时的高层会晤举例，即便卖方公司的规模不能与买方同日而语，买方公司的董事长也应拨冗出席；若实在无法出席，也应该指派拥有决断权力的人出席；最差也要派一位从外表看起来手握实权的人。如若不然，卖方董事长就会认为买方故意派一个毫无实权的人过来敷衍了事，根本无意于收购。

此外，着装也能体现一个人的权威。例如，一个看起来相貌平平的普通人一旦穿上白大褂，就会被医院的病人视为救死扶伤的天使。

商业谈判时，当然也要穿着得体。曾经有过这样一则企业并购的案例：明明是一场高层会晤，买方的董事长（IT行业的一家上市公司）却身着牛仔服、单手拿电脑进入会场，给卖方留下了非常不好的印象。

6．稀缺性

人们总是认为求而不得的东西才最珍贵，总觉得能轻易到手的东西始终比不上费尽心思才得到的东西。

人们在追逐稀缺之物并为之竞争之际，占有欲是最强烈的。

稀缺性原则在谈判中的应用如下：

例如，房地产公司在向客户推销车站附近的房屋时，无需特意强调其便利性，因为这一点双方都心知肚明。此时，强调这类房源的稀缺性才是明智之举。你可以和客户这样介绍："离车站步行五分钟的房源仅占离车站步行十分钟的房源的四分之一，一旦错失了此次机会，下次不知道要等到何时了。"这样一来，便能轻松勾起客户的购买欲。

在企业并购的谈判中，稀缺性原则也发挥着巨大的作用。例如，那些拥有核心技术、在利基市场中占有绝对优势的企业最炙手可热。

多年前，我作为中间人，完成了两家旅行社的转让。我记得，那一年旅游业的市场十分低迷，但因为这两家旅行社在业界享有盛誉，而且实力雄厚，于是很快就完成了转让。所以，要和买方强调**只有选择那些拥有核心技术、无可替代的企业，才能让买方的公司独树一帜、占领市场的绝大份额**。而买方面对如此诱惑，难免会为之一动。

此外，**让对方患得患失也会提升事物的价值**。这就是为何在谈判中要给各项条件规定时间期限。这一点也利用了稀缺性原则，像一只无形的手催促双方达成协议。

你也可以暗示对方：若贵公司不同意，我们就会和贵公司的竞争对手达成协议，所以切勿因一时迟疑让贵公司的竞争对手占据先机。

在利用稀缺性原则时，有一点希望大家注意：**不能因为人们追求稀缺事物，就单纯地认为对数量少的事物的评价一定高**。

罗伯特·西奥迪尼在前文提到的书中曾介绍这样一项实验：抽取一部分人评价两种曲奇饼干。其结果如下：人们很希望品尝数量较少的那一种曲奇饼干，但并未得出数量较少的曲奇饼干比另一种数量多的饼干更美味。也就是说，虽然人们对稀缺饼干的追求热情十分高涨，但也不至于因此爱上其味道。

这一点也经常出现在企业并购中。多数企业都想收购那些拥有核心技术的企业。除收购价格外，买方也会综合考虑被收购企业的收益性和资产内容等其他要素（当然，买家数量的增加会形成竞争，回收价格也会被抬升）。

让对方说 YES 的六个"武器"

"武器"名称	内容	在谈判中的实际应用
互惠	投之以桃，报之以李。	• 选择那些于己方而言重要程度低，而于对方而言重要程度高的项目做出让步。这样一来，便能以最小的代价换取对方最大的让步。 • 通过提出一个会被拒绝的离谱要求来让对方同意第二个较为合理的请求，较之单独提出"合理的请求"更容易被接受。

续表

"武器"名称	内容	在谈判中的实际应用
承诺和一致性	一旦决定做某事,定会努力实现。	• 给对方多个选择,让其当即做决定,并督促其守约。 • 首先想办法让对方接受一个微不足道的要求,一旦对方接受,立刻提出真正想让对方允诺的要求。
社会认同	把他人或社会认为正确的事物作为自己判断是非的基准。	• 推销产品或服务时,强调被其他公司(知名企业或者和买方同属一个行业的企业)采用的业绩,宣传公司被媒体报道的事实。 • 用客观的数据证实价格的合理性。
好感	若对一个人抱有好感,就很容易听取其意见。	• 在正式谈判前,互相展示自我,寻找共同点,建立友好的关系。 • 利用"好警察和坏警察"的谈判方式获得对方的好感。
权威	权威人士的意见是正确的。	• 利用对方的身份地位以及获得的资质。 • 要根据谈判内容及对方出席者的身份地位选择己方的出席者。
稀缺性	越得不到就越想要。	• 在做宣传时,便利性等优势的宣传固然重要,也要注意宣传稀缺性。 • 规定各项条件的时间限制,向对方展示稀缺性。

西奥迪尼法则中的六个"武器"能轻而易举地让对方说YES，其效果立竿见影。当然，这些"武器"同样可用在除谈判以外的市场营销等领域，请大家根据自身的实际情况加以利用。

行为经济学在谈判中的应用

除西奥迪尼法则外,行为经济学的智慧也可用在谈判中。

行为经济学是丹尼尔·卡尼曼、阿莫斯·特维尔斯基、理查德·泰勒确立的心理学和经济学的有机结合。

过去,经济学以实现自己效用最大化的人(也被称作"理性经济人")为前提创立了一系列理论。但是,在现实世界中,人无完人,即便是理性经济人,也会做出非理性的举动。

而且,**这些非理性的举动并非无规律可循**。行为经济学家经过一系列的实验认证,已经明确何种情况会引发人们的非理性行为。

可以说,这些行为经济学家的理论(主要是卡尼曼和特维尔斯基共同创立的理论)给经济学注入了新鲜的血液。他们的研究成果得到了大众的认可，卡尼曼也因此获得了2002年诺贝尔经济学奖（因特维尔斯基于1996年过世，所以未获此殊荣）。

接下来，我给大家介绍一下被广泛应用于谈判中的三个行为经济学理论。

1. 损失规避

行为经济学的核心理论是"**前景理论**"，它分析了如果参照点发生变化，人类会作何反应。此处不再详细阐述前景理论的内容，只对此理论中可以用于谈判的损失规避部分进行说明。

所谓损失规避，就是面对损失的痛苦感要大大超过面对获得的快乐感，**损失一定金额带来的痛苦相当于获得两倍此金额带来的快乐**。简单来说，就是白捡100万日元带来的快乐，难以抵消丢失100万日元所带来的痛苦。若白捡200万日元，其快乐感才能抵消丢失100万日元带来的痛苦。

所以，现实世界中的价格谈判总是令人苦恼不已。

例如，若买方提出100万日元的降价要求，于卖方而言，此要求相当于给自己带来200万日元的损失。反之亦然，卖方100万日元的涨价要求会让买方感觉自己损失了200万日元。所以，**若买卖双方经常提出此类要求，谈判也会在相互的争论中分崩离析。**

卡尼曼在《思考，快与慢》一书中提到，"损失规避的概念是前景理论中最重要也最有用的发现之一，这个概念对研究人类想法的形成做出了很大贡献"。

2. 锚定效应

众所周知，锚是泊船用具，当锚沉入海底时，船只能在一定范围内活动。所以，锚定效应就像沉入海底的锚一样把人们的思想固定在某处，对某事或某物的最初印象会影响人们后续的判断。

为了便于大家理解，请允许我通过一组实验向大家介绍锚定效应。实验的工作人员向实验参与者相继提出了两个问题："非洲是有65%以上的国家加入了联合国吗？""请问您认为非洲大概有百分之几的国家加入了联合国呢？"实验参与者受到第一个提问的影响，在回答第二个问题时，其答案都接近 65%。

价格谈判中的锚定效应体现为：**买方都会以卖方最初提出的期望价格为基准，然后对比之后的价格是偏高还是偏低。**

锚定效应和潜意识息息相关，所以，即使在谈判前强调锚定效应可能会带来的影响，潜意识也不会让这种影响完全消失。也就是说，即使买方知道卖方提出的期望价格高于实际价格，也会因潜意识的主导，以卖方提出的期望价格作为评判的基准。

但是，卖方却利用锚定效应，**让自己在谈判中身处有利地位。即使卖方并不期待买方真的能接受自己最初提出的期望价格。**这一点值得大家注意（若你是中间人，需要提醒卖方在谈判之初就提出自己的期望价格）。

3. 过度自信

所谓过度自信，就是过度相信自己的能力，认为自己的大脑结构和运动细胞超乎常人。

过度自信和乐观主义密不可分。我认为，**在谈判中，要保持适度的自信，而不是过度自信。与此同时，我们要用客观**

的眼光看待事物,设想可能面临的最坏结果。

大家知道什么是 50%-50%-90% 法则（Fifty Fifty Ninety Rule）吗？也就是说，若你认为成功和失败的概率各占一半时，90% 会失败。所以，那些盲目乐观的人一定要三思而后行。

在谈判时，卖方的过度自信体现在**过高地评价自己的产品价值和服务水平**。这样一来，容易导致卖方对销售价格抱有很高的期待，一旦买方不认可此价格，必然导致谈判土崩瓦解。

与此同时，买方在谈判时也应避免出现以下两种情况：对自己购买的理由坚信不疑；坚信自己购买的东西一定会物有所用、物超所值。因此，**买方在购买前一定要冷静分析是否有必要购买，以及购买此商品后会带来多少价值**。

泰勒曾在一次采访中说道：我一直在经济学院教学生们企业管理。在讲到如何避免决策失误时，我告诉学生们，克服过度自信是最重要的因素。为此，要做到客观地评价、客观地预测。（日经商业编著《新经济教科书》日经 BP 期刊）

在接下来的第五章和第六章，我会结合自身的实战经验为大家讲解价格谈判的秘诀，以及卖方、买方及中间人身处不同立场的谈判技巧，其中也会涵盖本章提到的西奥迪尼法则和行为经济学中的认知判断偏差及直觉推理*。

---

*直觉推理是行为经济学中的一个重要概念，在日本被称为"简便法"或"根据经验得出的解决方法"。例如，当需要投入人力、物力判断何为最佳方案时，我们可以根据以往的经验和直觉选出最佳选项。

第五章

价格谈判的秘诀

---------------------------- Negotiation ----------------------------

买卖双方产生分歧的原因

众所周知,在价格谈判中,卖方想卖的高,买方想买的低。那么,在讨价还价的背后究竟存在哪些因素导致双方产生分歧呢?

接下来,我将选取两个最具代表性的因素进行阐述。

1. 禀赋效应

禀赋效应是指人一旦拥有某项物品(不仅包括金钱,还包括地位、权力等),那么他对该物品价值的评价要比拥有之前大大增加。

丹·艾瑞里在其著作《怪诞行为学》中提到了一个有趣的实验。

实验参与者都是美国杜克大学的学生，工作人员为学生们准备了一些篮球赛入场券，但是需要抽签才能获得。待中奖结果公布后，工作人员询问了中奖的学生想以多少钱出售入场券，又询问了未中奖的学生想以多少钱购买。结果显示，两者的差额高达十四倍。

艾瑞里说："引起禀赋效应的原因有三个。"

①对自己拥有的东西十分着迷；
②只关注可能失去的东西，而不珍惜已经拥有的东西；
③深信其他人对交易的看法和自己相同。

（注：②和前面讲到的损失规避相关，③和后文中叙述的错误共识效应相关）

前文中提到的十四倍差额属于比较极端的例子。在现实世界中，**若没有明确的市场定价，期望的销售价格往往是期望的购买价的两倍**（不含故意抬高或故意大幅降价的情况）。

于卖方而言，禀赋效应表现为：因公司的产品和服务是全体成员的血汗结晶，卖方强烈的爱意会导致其过高地评价自己的产品和服务。

尤其是在产品开发阶段，若卖方付出了巨大的牺牲，更容易抬高产品价值。正如自己投入劳动，亲手组装家具后会产生一定的自豪感一样，我们称这种现象为"**宜家效应**"。

于买方而言，不论卖方对其产品抱有怎样的特殊情感，都没有任何金钱价值，产品的利润和附加价值才是一切。因为买方深知卖方已经将开发费用分摊在了产品价格中，至于其付出了多少努力和汗水都与自己无关。

通常情况下，都会按下述方法定价：

①在成本中加入利润；

②参考竞争对手对商品及服务的定价；

③考虑买方（顾客）的得失，让买方觉得利大于弊。

买方最容易接受②和③，①完全是站在卖方的立场制定的，所以很难得到买方的认可。

2．非对称风险

众所周知，卖方对产品和服务的了解程度远远高于买方。即使卖方保证自己的产品和服务质优价廉、相较其他公司有绝对的优势，但于买方而言，这只不过是卖方的一种推销策略罢了，不会完全信以为真。**买方在评估购买价格时会考虑可能存在的风险性**，所以和卖方的期望价格必然存在一定差距。

在企业并购时，买方非常在意卖方的变卖理由，总是怀疑卖方是否是为了从危机中脱身才想急切地卖掉公司。

所以，卖方需要向买方说明自己是出于其他原因才变卖公司。为赢得买方的信任，卖方在说明时要条理清晰、有理有据。

此外，卖方董事长的影响力也会让买卖双方在价格谈判中产生分歧。

因为买方认为企业并购后，卖方董事长的退出（即使董事长会因工作交接不会马上抽身而去）会影响到公司业绩。一旦买方确认卖方董事长对公司业绩起着举足轻重的作用，必然会提出降价要求，所以双方会产生分歧。

所以，卖方董事长要向买方说明：自己抽身离去不会给公司带来消极影响，即使有，也十分微小。为了保证不因个人原因影响公司业绩，在企业并购后，会尽己所能完成交接。

即使将来退出管理的舞台,也不会袖手旁观,有需要自己帮忙的地方一定会鼎力相助。

买卖双方达成一致的原因

前文讲述了买卖双方就价格问题产生的分歧。当然,在实际的谈判中,双方达成协议的案例也不在少数。缩小价格差距是谈判成功的关键。

接下来,我来向大家介绍促使双方在价格方面达成一致的三个要素:

> 1. 协同效应;
> 2. 不追求价格至上;
> 3. 当下享乐偏好。

1. 协同效应

协同效应是指两种以上的能力或资源相加或调配在一起

后，所产生的价值大于能力或资源单独应用时的总和。

例如，某人购买了一台超级计算机，若仅用于玩游戏、消磨时光，不会产生任何经济方面的协同效应。但是，若他通过这台计算机开发的软件系统让自己的奇思妙想变成现实，并且赢得市场，那么，奇思妙想和超级计算机的结合便产生了极大的协同效应。

若总开发费是 100 日元，买方能得到的价值是 150 日元，如果能以 125 日元的价格交易，买卖双方都能获利。

即使买卖双方还存在其他方面的分歧，但是协同效应越大，双方达成一致的可能性就会越高。

2．不追求价格至上

在谈判中，只要有一方不追求价格至上，成功就会指日可待。这个道理谁都明白，但在实际的谈判中，这一点往往被忽视。**可能谈判双方总是认为对方和自己一样追求价格至上。**

买方不追求价格至上的原因为：有足够的预算，或者卖方提出的价格要求在自己的预算范围内。

卖方不追求价格至上的原因为：其产品和服务费中已含有足够的利润，销售时也基本不会产生其他费用（即边际收益率高）。

此外，在企业并购中，相较价格，若卖方更关注公司员工的个人利益以及公司未来的发展，便不会追求价格至上。而这种案例在实际的谈判中比比皆是。

若一方不追求价格至上，那么价格之外的其他条件或双方是否投缘会成为成功谈判的关键，所以要时刻关注对方的需求。

3. 当下享乐偏好

在谈判中，如果买方将现金摆满谈判桌（在实际的谈判中买方不会把现金拿到现场，只会保证立即支付），即使未达到卖方的期望金额，卖方也很难拒绝。这种心理被称为"**当下享乐偏好**"，即相较未来的利益，卖方更关注眼前的利益。

对眼前现金的喜爱也是"**确定性效应**"的表现。即**或许未来卖方能卖到更高的价格，但未来存在太多不确定因素，**

只有眼前能到手的现金才最让人放心，因此，卖方的这种心理会促成对方达成协议。

例如，在谈判中，即使买方无法满足卖方的期望价格，即使卖方对买方抱有的期待越来越低，若买方提出"如果能以这个价格成交，我们马上付钱！"很多时候，卖方并不会拒绝，双方也会顺利达成协议。

反之，卖方讨厌分期支付或者 Earn-out 条款（在企业并购中，按照未来一定时期内的业绩表现进行支付的交易模式）。总之，若买方不具备比卖方强的谈判能力，就很难说服卖方。

如何制定售价？

众所周知，卖方一定不会在谈判之初以最低价示人，也不会将最低价设为自己的期望售价，这一点买方也心知肚明。所以，**为了能让买卖双方在谈判中讨价还价，卖方应制定较高的期望价格。**

参加谈判的买方负责人若按照卖方的要价达成协议，一定会被上司认为软弱无能。所以，买方负责人为了避免这种情况，也会和卖方讨价还价。那么，卖方更需要提高售价，在买卖双方后续的互相探讨中达成一致。

卖方面对买方的降价要求，需积极利用锚定效应，实现赢利。这在一定程度上使买方的负责人保全了颜面，也更容易达成一致。

若卖方预想的最低价格原本就高于市场价格，在此基础上又提高了期望价格，很容易直接遭受买方的拒绝。

此时，谈判中间人应该说服卖方降低最低价格。若卖方不同意，应劝服卖方将最低价格变为期望价格。当然，此时买方若能接受，便万事大吉，如果强制要求卖方在最低价格的基础上再降价，就需要卖方决定是否还继续合作了。

在谈判中，也会出现卖方完全不在乎价格的情况，他们将自己的期望价格定得非常低，只不过这种情况很罕见。但是，即便如此，买方也会怀疑廉价的背后是否隐藏着不安全因素。所以，双方最好将产品或服务售价和市场行情相匹配，以便能讨价还价。

是否应该告知谈判中间人价格下限与上限？

站在中间人的立场，若卖方能告知自己价格下限（买方能告知价格上限），谈判就会容易很多。

但是，**中间人在得知卖方的最低价格后，不假思索就告知买方的话，虽然存在加速谈判达成一致的可能性，但是也存在买方会不断压低价格的风险。**所以，是否告知中间人最低价格一事，卖方一定要慎重考虑。

于卖方而言，可以不告诉中间人真正的最低价格，而是拿出一个给自己留有余地的最低价。或者，在告知其最低价格后，一定要叮嘱中间人不得随意告知买方，而是希望买卖双方能从自己期望的售价开始，通过一系列的讨价还价后，再决定最终价格。不要从始至终全权委任给中间人才是明智之举（当然，若卖方完全不在乎价格，就另当别论了）。

买卖双方应该由谁先提出价格要求？

在一般的商业交易中，会由卖方先提出价格要求。如若不然，买方也会催促卖方尽快提出。因为对买方而言，如果没有事先问清楚价格，投入大量人力、物力探讨的项目很可能因卖方漫天要价望而却步，导致之前进行的探讨、投入的精力都会付之东流。

当然，也存在由买方先提出价格要求的情况。

例如，买方提出想收购卖方手中的房地产或公司时，卖方拿不出明确的期望售价方案。此时，买方会搜集各类资料，在进一步探讨后向卖方提出价格要求。

但问题是，买方会综合考虑前文中提到的各类风险，极力压低价格，导致卖方无法接受，最后谈判就会分崩离析。

像这样因买方提出的极低价格惹怒卖方,导致谈判土崩瓦解的案例并不罕见。此外,买方也无法接受在自己提出价格的基础上大幅加价,即使被迫加价,卖方也会认为其在最初提出价格条件时打着压价购买的算盘。最终,双方间的隔阂只能越来越大。

因此,即便由买方先提出价格要求,也不要低得离谱,比市场价低一点即可。

通常情况下,受锚定效应的影响,先提出价格诉求的一方占有有利地位,因为最先提出的价格会成为双方的一个参照点。

但是,**有些情况下最好让对方先提出价格诉求**。例如,对方在不了解市场行情的情况下,可能开出超乎己方预想的极好条件。当然,也有开出极坏条件的风险,这一点需要大家注意。

前文中,在讲到互惠原则时,我曾提到己方不能连续两次做出让步,在提出价格诉求时也一样。例如,当己方第一次提出价格诉求时,如果对方面露难色,一定不要提出第二次价格诉求,等待对方的讨价还价才是明智之举。否则,己方滔滔不绝只能换来对方拖延不决,时间越久,就越容易掉进对方设计好的陷阱中去。

当然,若一方实在无法接受另一方提出的价格诉求,完全可以要求对方重新提出报价。

面对多个价格选项时,应当如何抉择?

若其中一个买家向谈判中间人表示"卖方提出的期望价格着实高不可攀,让人望而却步啊",此时,中间人最正确的做法是:直接告诉买方若以××的价格,卖方可以考虑收购事宜。

卖方不仅要知道买方无法接受自己提出的期望售价这一事实,也要掌握买方能接受的价格究竟是多少,了解市场行情。

不论买方期待的价格多么低廉,于卖方而言也是一个参照点。在此之后,若其他买家提出较好的价格条件,受锚定效应的影响,卖方很可能欣然接受。

威廉·庞德斯通在其著作《无价》中提到,卖方在参照多家报价后,也有可能会接受较低的报价。接下来我给大家做个简单介绍。

这种现象是由谈判中的最后通牒博弈衍生出来的。在这种博弈中,谈判提出者向谈判响应者提出一种分配资源的方案,例如,谈判双方共同分配十美元,响应者可以接受,也可以拒绝。如果响应者同意这一方案,则按照这种方案进行资源分配;如果不同意,则两人什么都得不到。

马克斯·巴泽曼曾在其实验中询问参加实验的人员:"如果分配十美元,最低几美元能让你接受此方案?"多数人的回答都是四美元(若低于四美元会让人觉得不公平,一定会断然拒绝)。

最后通牒博弈中,谈判提出者会向谈判响应者提出两种分配资源的方案。谈判响应者可以选择其中一种方案,也可以全部拒绝。但是,通常情况下,谈判提出者难得给予选择的余地,相较拒绝,多数人会在两个方案中选择其一。

简而言之,**若只有一种分配方案,谈判响应者会毫不犹豫地拒绝三美元的分配方式,但若有两美元和三美元两种分配方案时,很多人都会接受三美元的分配方式。**

还有一种情况，中间人在向买方探寻是否有意收购时，若买方一方面明确表明对收购项目毫无兴趣，而且中间人再做努力也无济于事，另一方面又强调卖方价格条件苛刻的话，这很可能是买方对此项目抱有极大兴趣的一种暗示。

此外，若买方表示"虽然对此收购项目抱有兴趣，但正忙于其他项目，现在无暇顾及"，就等同于在说"对此项目毫无兴趣"或是"此项目的优先顺序极低"，所以最好不要和这样的买方合作。但是，这些言论究竟是个别负责人的个人意见，还是其所在公司的集体意见，我们有必要一探究竟。

要求降价的谈判技巧

前文中讲到的损失规避原则告诉我们：向对方提出降价诉求前一定要三思而后行，即使对于提出方而言，降价的幅度微乎其微。但是，对于卖方而言，这个幅度可能是一个沉重打击，很可能导致谈判土崩瓦解。

当然，在谈判之初，当卖方提出自己的期望售价时，买方的讨价还价行为是无可置疑的。**但是当双方对价格达成一致后，再贸然提出降价诉求，是万万不可取的。**

一般情况下，买方都是企业而非个人，并且代表买方出席的负责人的情感不会受到价格的影响，毕竟不是自掏腰包，所以在某种程度上能够雷厉风行地进行谈判。但是，谈判的得失对卖方而言却意义重大。如果变卖的是个人的公司或房产，收购价格的高低直接关乎自己未来的生活质量；即使代表公司参加谈判，收购价格也关乎自己的奖金及评价，和自己的生活水平息息相关。因此，**收购价格的重要程度于买卖双方而言是有差别的。**

特别是当买方提出降价诉求时，理由竟然是卖方从一开始就明确告知买方的事实，这种行为当然会直接惹怒卖方，导致双方间的信任关系破裂。这一点并不难理解，但令人匪夷所思的是，**很多买方以卖方在谈判之初就坦言的事实为借口提出降价诉求**，其结果当然是因卖方的愤怒导致谈判无疾而终。而这样的案例在现实世界中数不胜数。

如果双方仅是单纯的一次性交易关系，卖方有可能勉强接受。但是，在一般的贸易往来中，买方在进行完一次交易后会继续购买，卖方也会提供相应的售后服务。所以，卖方是不会和毫无信誉的买方继续合作的。

于买方而言，最明智的做法是：**在谈判之初，就告诉卖方自己能接受的价格**，并阐明原因，且明确表示在价格达成一致后，除非发现买方有隐瞒不利条件的事实，否则不会对达成一致的价格提出任何异议。相较于在谈判过程中惹怒对方而导致谈判分崩离析，不如在谈判之初就因双方对价格存有异议终止谈判，这样能够最大限度地减少双方的损失，节约人力、物力。

此外，为了赢得卖方的理解和支持，买方需要对自己能接受的收购价格的原因进行说明。在说明时，要理由充分，简单明了，即使和公司内部提前商量好的原因有所出入也无妨。

但是，若买方做出的说明毫无说服力，且漏洞百出，很容易遭受卖方反驳的话，与其引起双方争执不休，不如不做说明。

若买方能列举一些收购后产生的成本费用，而这些费用是卖方并未意识到的，会更有说服力。但是，也会出现卖方用收购后的利润贡献度及协同效应理论来反驳买方的情况，这样一来，很可能导致双方发生争执。

前文中提到，买方提出降价诉求的最佳时机是在谈判之初，但是，在实际的谈判中，**为了在谈判后也维持双方间的友好关系，卖方可以适度放宽条件、在一定程度上满足买方提出的诉求。**

通常人们对体验的记忆由两个因素决定：高峰（无论是正向的还是负向的）时与结束时的感觉，而在过程中好与不好的体验对记忆差不多没有影响，这就是**峰终定律**。

例如，在谈判过程中，不论买方曾提出过多么苛刻的要求，只要能在谈判结束之际满足卖方提出的一些诉求，卖方就会心情愉快地做好售后服务。正如热恋中的男女，不会记得约会中发生的争吵，只会对约会结束时双方的甜蜜拥吻记忆犹新。

此外，面对那些在达成协议前夕犹豫不决的谈判对手，可以适当地做一些让步，给对方一些赠品，这样能促使对方下定决心完成合作。这种谈判技巧被称作"**并非全部技巧**"。

总之，买方不合时宜地提出降价诉求，即使最终达成了协议，一旦卖方不提供相应的产品技术支持，只会让自己陷于不利的境地。相较于降价后获得的蝇头小利，没有卖方的技术服务，买方则会产生更大的损失，可谓得不偿失。

若被对方要求降价，应如何应对？

首先，为了不让买方提出降价诉求，卖方可以暗示买方自己还有其他实力强大的备选项。关于这一点，卖方不必有所顾虑，因为若买方也心怀诚意地想达成一致，就不会提出降价诉求。

其次，若谈判的失败不会给卖方带来损失，那么，在谈判过程中，卖方也可提出涨价的诉求。这样也是在向买方传递自己十分重视价格的讯息，让买方深刻意识到和卖方谈降价可谓是困难重重。

若卖方迫于无奈必须同意降价的话，切勿一次性大幅降价，**而是先做出极小的让步，让对方认为自己让步的空间极为有限。**

即使对方步步紧逼,卖方不得已再次让步时,让步的金额也要少于第一次妥协的金额,给对方发出不能再让步的信号。待买方发出最后通牒后,如果卖方还要执意合作,便可做出大幅度的妥协了。

在做出大幅度的妥协之际,一定要向买方确认此价格是否是最终价格。 否则,买方会认为还有降价的余地。

为了避免买方提出降价诉求,卖方切勿急于和买方达成一致,要在一段时间后再做回复。卖方可以向买方描述在这段时间内,公司内部经过了如何激烈的争论才最终同意此价格;也可以故意和买方强调,接受此价格没问题,但是买方也要接受自己提出的其他诉求,若买方不接受这些诉求,双方需各自让步。也就是说,卖方不提出新诉求,买方不提出降价的要求。总之,要让买方意识到卖方不能在此价格的基础上再做妥协了。

此外,卖方若想反驳买方提出的降价诉求,在听取其降价原因分析后,可从中寻找突破口。

例如,在某公司谈判收购事宜时,此公司正同时开展A、B、C三个项目,买方十分满意A、B两个项目并给予了高度评价，但是，却给C项目打了负分。卖方在得知这一情况后，可以和对方谈判：自己会对C项目自负盈亏，只高价变卖A、B两个项目。

若买方采取一般的评价方法分析降价原因的话，卖方可以从中寻找突破口，提出涨价诉求。但是，同时也要尽量全面地考虑在被买方收购后会产生哪些成本费用。

若发现买方存在认知上的错误，可予以纠正，这时买方可能会再做评价。

有一点需要注意的是，**即使一方在口舌之战中胜出，但这并不意味着最终的胜利。一旦让对方怀恨在心，从而导致谈判土崩瓦解，那么，一切争论都是无意义的。**

所以，当对方不能立刻承认自己的错误时，即使你心怀不满，也不能直接和对方说"这里出错了，请您做出正确评价"，而是要给对方充足的思考时间，谦虚地说"麻烦您重新做一次评价"。

而且还要注意，不要对一些细枝末节争论不休。

此外，因双方立场不同，有一些问题是无法实现妥协的，所以不要将这些问题作为争论点。否则，随着这些问题点日益突显,双方会陷入敌对状态,达成协议也会变得遥不可及。

所以,不要将买方提出的降价依据视为问题点,而是作为一种诉求开展谈判。

第六章

身处不同立场的谈判技巧

---------------------------- Negotiation ----------------------------

1 卖方的谈判秘诀

判断对方的决策方式：协商一致型或高层决策型

关于买方的决策方式，从大的方面可以分为两种：协商一致型和高层决策型。卖方需要根据其所属类型制定相应的战略方针。

所谓协商一致型，是指所有成员以会议的形式互相探讨，在协商一致的基础上决定是否购买。

针对此类公司，**卖方需要拿出真实有效的客观数据（例如市场数据、与竞争对手的对比数据等），并进行严谨缜密、逻辑性强的说明。**

所谓高层决策型，是指公司或部门的高层决策者拥有绝对的权力，即使召开董事会，也深受最高领导者的意见的影响。

此时，相较提供客观数据，**卖方应将重点放在买方的决策者身上，让其和自己产生心灵上的共鸣**。此外，让对方决策者认为"这个项目十分可行""这个项目绝对赚钱"也必不可少。为此，卖方应积极主动地约见买方决策者，**激情饱满地向其介绍购买后的种种优点，赢得对方的信任**。面对面的交流方式要胜于只发送相关资料，或者通过第三方与对方交流的方式。

有时，即使买方属于高层决策型公司，其高层领导者也不会出席谈判，只会委派下属来参加。此时，卖方需要想尽办法尽快和对方的高层决策者见面。例如，可以和买方的出席者这样说："为了感谢贵公司对本项目的重视，不知敝司能否有幸拜会一下贵公司的××领导。"对于这样的表达方式，对方很难拒绝，很可能就会安排双方决策者见面。一旦见面，卖方要竭尽全力让买方答应购买事宜。

掌握真实的市场价格

不论我们销售的是公司产品、服务还是房地产，甚至整个公司，如果有可参照的市场价格，一定要掌握准确的市场行情。

例如，我在撰写此书之前，一定会和出版社协商版税一事。如果我提出的版税远远高于市场价格，出版社一定会认为我毫无常识，并且会取消合作。

有一些商品和服务，我们一看便知其大概的市场价格，在购买时也会心中有数。但是，对于那些我们不了解市场行情的产品，我们潜意识里就会认为这些产品的价格一定高于真正的市场价。所以，**在谈判中，卖方在掌握真实的市场行情后，一定要向买方公开**，否则双方的分歧会引起接连不断的争执，之前所付出的努力也会付之东流。

事实上，在我接触的所有想卖掉公司的经营者中，约60%都会不自觉地夸大自己公司的价值，他们对公司的评估远远高于市场价；约20%经营者无法做出正确判断，从而寻求我的帮助；只有剩余20%的经营者才能合理地做出评估或过低评价公司的价值。

夸大公司价值的原因在于，前文中提到的禀赋效应在发挥作用。除此之外，**可利用性法则**也起着至为关键的作用。可利用性法则分为下表中的两种类型：

类型	基准	举例
物理性的可利用性	物理性的可利用或者易利用的信息。	网页上刊登的信息；从报纸、电视、杂志等上面获取的信息；人人都可以获取的信息。
认知性的可利用性	清晰地留存在大脑中的信息，或者刚得知的信息。	给自己留下深刻记忆的信息；在做决策时，能第一时间主导自己思维意识的信息。

(引自真壁昭夫《从基础到实际应用：行为经济学入门》，钻石社)

当我们从媒体报道或同为企业经营者的朋友那里听到某公司被高价收购时，因为此类事件十分少见，并且最易引起大众热议，所以会让人记忆深刻。

例如，硅谷的某风险投资企业因发展之迅速，被其他公司以高于其营业额几倍的价格收购。此新闻一经报道，立刻引发了社会热议。但是，此类案例在所有的企业并购中实属罕见。只有那些利润率极高、发展速度极快的企业才能被高价收购。

接下来，给大家分享一下本人的亲身体验。我曾和他人共同创立过某公司，但因业绩不佳，公司最终以被收购的结局落幕。当然，被收购的价格也不会很高。所以，我从未和包括亲朋好友在内的任何人提起过公司被收购一事。反之，若公司以高价被收购的话，我虽然不会大肆宣扬收购价格是多少，但肯定乐于和他人讲述此次公司被收购的经历。

事实证明，从他人口中得知的高价收购案例往往让人印象深刻，很多卖方会不自觉地认为自己的公司也能被高价收购。但是，卖方想要在企业并购中取得成功，就要实事求是地对自己的公司做出评估，在掌握真实的市场价格后积极寻找买家。否则，目空一切、妄自尊大只能让收购变成天方夜谭。

在此，我希望所有商业人士都能把可利用性法则铭记于心。我们不可否认，**从他人口中得知的信息、在社会上引起热议的问题、令人印象深刻的话题有助于我们做出判断。但是，一定要验证这些信息是否完全属实。**

尽早公开不好的信息，缓慢透露好的信息

对于卖方而言，不要试图隐瞒与自己相关的一些负面信息。因为这些负面信息即使在谈判之初不会被买方察觉，也会在随后的调查阶段被公之于众。所以，卖方最好提前告知买方。具体原因有三个：

①卖方若不在谈判之初就向买方坦白，一旦被察觉，买方会认为卖方故意有所隐瞒，失去对卖方的信任。

②如果卖方隐瞒的信息可能触及买方底线，而且被买方得知后一定会取消合作的话，与其在双方投入大量人力、物力后才终止谈判，卖方不如在谈判之初就开诚布公地告知买方。这样一来，不仅能最大限度地减少双方损失，卖方也能将宝贵的时间用在寻找其他买家身上。

③如果卖方隐瞒的负面信息和价格息息相关，买方必然

会提出降价的诉求。即使此要求合情合理，在损失规避原理的作用下，卖方也不会心甘情愿地接受。

其结果可想而知，双方因价格相持不下，谈判无法继续，并以失败告终。

所以，**卖方在谈判之初就将负面信息全盘托出，能给买方留下好印象**。正如一次性损失 200 万元带来的痛苦要低于前后相继损失 100 万元的痛苦。

前面一直在叙述不好的信息要尽早公开，接下来，我们一起来看为何要将好的信息一点点透露。研究表明，人们赚取 100 万元后又赚取 100 万元带来的快乐要超过一次性赚取 200 万元的快乐。

在企业并购的谈判中，于买方而言，最好的消息莫过于被收购公司每月的业绩都蒸蒸日上。所以，即使正式进入并购的洽谈程序中，卖方的董事长也要竭尽全力保证公司目前的业绩不下滑。

重视偏好颠倒现象

对于那些实力强大的大型企业,一般都会同时开展多个合作或投资项目。

例如,某大型公司正在探讨两个项目。一个项目的成功率是20%,但利润却高达40亿日元;另一个项目的成功率是80%,但利润仅有10亿日元。

虽然两个项目的预期利润都是8亿日元(20%×40亿日元=80%×10亿日元),但企业更偏向于投资成功率更高的后者。

但是,如果让投资者评价这两个项目,前一个项目会获得更高的评价。也就是说,两者择其一时,即使投资企业会选择后者,但对前者的价值评价更高。这种现象在行为经济学中被称为**偏好颠倒现象**。

因为投资家们更喜欢那些稳定性高、每月都能赢利的项目，所以在向其推荐投资项目时，一定要强调项目的稳定性。对于那些成功率低但利润极高的项目，虽然鲜有人投资，却能受到投资家们极高的评价。

提及稳定性，**经常性交易**是典型案例。例如，房地产出租公司每月都能从业主处收取相应的费用，随着出租房屋数量的增加，其营业额也会不断攀升。

与经常性交易相对的是**一次性交易**。在一次性交易中，不会产生固定的收入。例如，像房屋出租中介公司一样，买卖双方的中间人只能从业主处收取一次费用。我们可以将经常性交易比作农耕经济，将一次性交易比作狩猎经济。

在投资案例中，不能说经常性交易比一次性交易更具有绝对优势。

经常性交易的特点是竞争激烈、利润率低，而一次性交易因参加人数少，利润率也高。究竟孰好孰坏不能一概而论，但一般情况下，经常性交易因其稳定性备受投资家青睐。

切勿只宣扬个人能力

卖方向买方提交策划案时，容易犯只宣扬个人能力的错误。

例如，若卖方一味强调某款软件的开发者是一位天才工程师，于买方而言，是存在一定风险的。因为买方在购买此款软件后，一定需要后续的技术支持，一旦那位天才工程师离职，会带来不可预估的损失。

所以，**卖方强调的不应该是个人能力，而应该强调强大的团队技术能力，让买方认识到这个团队具有足够高的开发能力和技术支持能力。**

在企业并购的谈判中，也应该注意这一点。例如，在买卖双方的高层会晤中，卖方董事长总是有意识或无意识地宣扬自己的个人能力。正是卖方董事长这一无心之举，很可能引起买方的高度警惕。因为一旦公司被收购,卖方董事长的离开(即使因工作交接,卖方董事长不能立即抽身而去)很可能导致公司业绩也随之下滑。

一旦卖方董事长被买方认为是客户维系、公司运营的关键人物,买方必会视此为风险因素,向卖方提出降价要求或者终止谈判。

因此,卖方的董事长应积极宣扬公司的正常运营都是各部门齐心合力的结果,即使自己离开(当然自己也会尽职尽责地完成交接),也不会导致客户流失和业绩下滑,自己的隐退所带来的影响力可谓是微乎其微。于买方而言,他们最想看到的,莫过于收购公司的良好业绩和其董事长毫无关系。

选择合适的谈判方式：竞标或面对面

不是所有的竞标都能让公司卖到最高价。

很多时候，卖方明明可以采用面对面谈判的方式来获取高额利润，但是，因为判断失误采用了竞标的方式，导致没有买方愿意拿出更好的条件进行收购。最坏的情况甚至是找不到任何一个买家。

即使有买方出价超过所有竞标者从而中标，也很难逃出"**赢家的诅咒**"的怪圈。所以，很多买家都会对竞标敬而远之。所谓"赢家的诅咒"，是指当自己提出的报价轻易被对方接受时，就会担心自己是否超额支付了竞标项目，陷入"或许还能以更低的价格中标"的懊恼中。

我个人的感觉是，**如果没有十家以上的公司愿意提出报价（不仅是对收购事宜的探讨），就不要选择竞标的方式。**

在现实世界中，愿意出价进行收购的公司要远远低于我们的预想，而且在竞标过程中，一定会有买家中途退出。

如果卖方认为不会再出现实力强大的买方时，可以选择竞标和一对一当面谈判之间存在的折中方法，即同时和多个公司谈判，但不是采用竞标的方式，而是和每一个买家一对一交流，向对方传达下述信息："我们会根据贵公司提出的价格、决策速度及其他条件进行判断。"这样一来，那些对竞标敬而远之的买方也会接受这一谈判方式，买家数量也会随之增加。最后，卖方比较各买家提出的条件，选出最好的买家，使自己占据有利地位。

卖方在谈判时应注意的六个关键点

1 注意对方所属的决策类型

协商一致型企业	高层决策型企业
• 与会成员互相探讨，在协商一致的基础上决定是否购买。 • 准备简单易懂、严谨客观的数据。 • 基于数据，进行逻辑清楚的说明。	• 公司或部门的高层拥有绝对的权力和发言权。 • 和对方决策者当面谈判。 • 充满激情地阐述己方所具备的优势，赢得对方的信任。

2 掌握真实的市场行情

对于那些很难掌握市场行情的产品，不要被自己的主观印象所迷惑。

3 不好的信息要尽早公开

在谈判之初就将负面信息全盘托出，不仅能给买方留下好印象，也有助于建立双方的信赖关系。

4 积极宣扬公司具备稳定性

投资家们喜欢那些稳定性高的项目，但对那些成功率低、利润极高的项目抱有更高的评价。

5 切勿只宣扬个人能力

很少有人能终身就职于一家公司，所以，要积极宣扬即使此人离开，公司也能提供正常的技术支持。

6 投标也存在不利因素

不是所有的投标都能让公司卖到最高价，在投标和面对面的谈判之间也存在折中的方法。

2 买方的谈判秘诀

确认购买的必要性

买方在与卖方开始谈判之前,一定要问自己以下几个问题:

1. 真的有必要购买此商品或服务吗?

2. 此商品或服务究竟能给公司带来多大的效益?

3. 购买后,能做到运用自如吗?

例如,在购买高额软件包之前,一定要探讨此软件包能提升多少工作效率。此外,如果只是供个别负责人使用,那么这些负责人能做到熟练运用吗?

有的买家会过分夸大购买的风险性,而有的买家会盲目乐观，对自己的判断力坚信不疑。**过度自信带来的后果是：买家过分夸大产品价值，最终以超过产品实际价值的价格完成交易。**

在企业并购中，尤其是那些成功的企业家往往过度自信，认为自己在其他领域也能获得成功。所以，他们完全不考虑后果，坚持企业并购。

行为经济学的智慧可以帮助人们在谈判中分析、反省自我。接下来介绍5个和过度自信息息相关的行为经济学概念。

1. 确认偏误

人们一旦明确了自己所持有的意见和态度，就会选择性地搜集信息来证明自己的正确性，对于那些和自己背道而驰的主张则直接无视，按照自己的偏好来错误地解释与自己的观念相左的证据。

2. 自利性偏差

用对自己有利的一面来判断客观事物，把不好的、错误的一面归咎于其他人或者外因。这一方面体现了此类人具有极强的自尊心，另一方面也能看出他们对责任的逃避。

3．控制幻觉

这个概念是指个体由于不合理地高估自己对环境和事件结果的控制力而产生的一种判断偏差。

接下来介绍产生控制幻觉的五个原因（请参照真壁昭夫《从基础到实际应用：行为经济学入门》第二章）。

①**通过影响力产生的控制**：指有可能会夸大自己的影响力。

②**通过预测产生的控制**：指在看到自己做出的预测成为现实时（很可能只是运气好），就认为自己很了不起。

③**对影响要素的认知而产生的控制**：指单方面认为只要掌握了主要原因就能掌控事件的结果。

④**对某种现象的事后分析**：指对某种现象做完分析后，认为即使将来再发生类似事件，也一定能有所控制。

⑤**对消极结果的过低评价**：指过低评价因失败带来的消极结果，单纯地认为下次一定能做好。

4．美好回忆偏差

这个概念是指美化过去的回忆。夸大在回忆中自己所具备的能力和取得的成功,对现实世界抱有无限期待。

5．行为偏差

明明什么都不做才是明智之举,却采取了某种行动。

究竟是否存在最适合自己的谈判方法呢?

衡量沉没成本

在探讨是否购买和投资的阶段所投入的时间和费用被称为**旁置成本**，也被称为**沉没成本**。也就是说，即使终止对购买和投资的探讨，这些已经支出的费用也无法收回了。

况且，人们一旦对某个项目做出投资，就很难半途而废。受这种思想以及承诺一致性原则的影响，本应该以零为基础编制计划和预算的人们却固执己见，明知继续下去会产生亏损，仍不愿中途放弃。其心理有以下三点：

①迫切想收回成本，不愿意承认受损。为了不让自己后悔，竭尽全力佐证此项目不会产生损失。

②追求那些成功概率低的收益。也就是说，即使成功的希望渺茫，也要抱有期待。

③将自己的行为正当化，不愿承认自己做出了错误决策。

买方在探讨是否购买某商品或服务时，一旦发现此商品或服务不能满足自己的需求，并且存在重大缺陷时，**一定不要计较迄今为止支出了多少费用，而是要重新计算从此刻开始的成本和利润**。买方一旦发现继续的后果就是亏损时，**一定要具备随时放弃的勇气**（于卖方而言，若想提高成交率，就要充分利用买方对沉没成本的重视度，想方设法让买方投入时间、精力、费用）。

但是，在讨论阶段，买方即使发现卖方存在一些负面信息，也要慎重斟酌这些负面信息是否影响恶劣。在前文中，我曾提到，人们受主观印象的影响往往对一些信息做出过激反应。其实，**如果卖方的负面信息无伤大雅，或者只是暂时的，便无需就此终止和卖方的所有合作**。

例如，很多买家在得知卖方和其他客户因一款产品（恰巧买方也在探讨是否购买）发生争执时，便会毫不犹豫地搁置此项目。但是，我认为买方在放弃之前应该冷静思考以下三个问题：卖方和其客户的争执会给本公司带来多大风险？若本公司和卖方产生同样的纠纷，会给公司带来多大的损失？通过签订合同，能否规避此类风险？或许，在经过一番权衡考量后，就会觉得卖方和其客户的争执根本不值一提。

人们总是重视沉没成本，却往往忽视机会成本。何为**机会成本**，我用一个例子来做简单说明。例如，某学生在毕业后，直接出国留学攻读 MBA 而未求职找工作，从而失去了工作带来的报酬。

因为机会成本不与金钱挂钩，不需要人们支出实际的费用，所以会受到轻视，一旦造成损失才后悔不已。因此，我们需要将机会成本视为一种损失。在谈判中也是如此，人们将大好时间浪费在毫无价值的课题上、做决策时犹豫不决，很多应得利益就会在无形中流失。所以。我们可以说，机会成本等于损失。

适当表现购买欲

关于是否应该向卖方表现出购买欲，这取决于商品或服务的买家是一个还是多个。

例如，某公司生产了大量同一型号的汽车，可以同时卖给多个买家。而且，汽车销售店为了确保利润，也希望能将汽车卖给更多的客户。

此时，若买家表现出强烈的购买欲，卖家是绝不会考虑降价销售的。因此，买家最明智的做法是：既表现出一定的关心，又装作不是非常想购买、迷茫无措的样子。这样一来，会对之后和卖方的讨价还价大有裨益。

另一方面，像房地产（不是分户出售，而是整栋出售）、艺术品无法大量生产，只能卖给唯一的客户。如果卖方有多个候补买家，你作为最渴望购买的买家，一定要向卖家表现出强烈的购买欲。

因为卖方往往对此类产品抱有强烈的爱意，如果买家从一开始便装出一副毫不在乎的样子，很可能在谈判开始之前就被卖家请出局。**表现出强烈的兴趣和以严苛的条件进行谈判是两回事。**

现实世界中，很多久经沙场的买家也经常犯这样的错误，明知某些产品只能卖给唯一的买家，还是以高高在上的姿态和卖方谈判。

买方明明心里非常想要，偏要装出一副无所谓的样子，当然会错失合作的机会。

面对不同的情景，选择不同的谈判战略

在前文中我们讲到，有一些产品只能卖给唯一的买家。如果购买此类产品，需要先明确是无论如何都要购买，还是价格合适才购买。情况不同，谈判战略也不尽相同。

如果是无论如何都想要购买的产品，必然存在和你竞争的其他买家。此时，你需要根据卖方的期望售价提出报价。**切勿墨守成规，不要觉得在谈判之初就应提出一个较低的报价，否则，卖方也会在谈判之初踢你出局。**

如果是因价格合适才想购买的话，便无需在意卖方的期望售价，只需衡量自身是否能从中受益即可。也就是说，**只要你认为以这个报价能让自己受益**，便无需考虑谈判是否能成功。

挖掘卖方的利害关系

当和多个买家竞相购买同一产品时，如果遇到资金缺乏而无法占据价格优势时，**你需要寻找卖方除金钱以外的其他动机，并以此为突破口一举拿下本项目。**

例如，在企业并购中，很多卖方更注重"即使企业被收购，也能保持长远的发展""公司员工不用面临失业的风险""买方能对自己苦心经营的公司心怀敬意""不想让同行业的其他公司认为自己卖掉公司的原因是公司难以维持"等。

而买方在得知卖方的真正诉求后，可以满怀诚意地向卖方保证，一旦接手公司，必会为公司未来的发展倾尽全力。这样一来，即使买方在价格方面不占据优势，也会被卖方选中，成为合作伙伴。

前面列举的收购案例都是备受多个买家青睐的案例。相反，如果得知卖方只有自己一个买家，那么，你会怎么办？我想，多数买家面临这种情况，都会想着讨价还价吧。

不可否认，谈判技巧中有一条是在摸清卖方底牌的前提下，只要买家能给出比卖家"次善之策"稍好一点的条件，就能以最低的价格实现并购。

但是，在实际的谈判中，**谈判对方在很大程度上会受到自身情绪的支配，即使买家给出稍好一点的条件，也未必能和卖家达成一致。**

以企业并购为例，一般情况下，卖方拥有以下四个选择：

①清算公司；
②将公司转让给亲朋好友；
③继续营业；
④和其他公司谈判。

如果买方得知卖方除①之外别无他选，就想以比清算价高一点的价位收购卖方，并单纯地认为卖方一定会欣然接受的话，就大错特错了。因为此举会让卖方觉得买方在乘人之危，很难与其合作。

因此，即使买家在谈判中具备绝对优势，也要顾及卖家的自尊和情感。买家提出的报价要接近市场价，否则很难达成一致，当然，**也存在即使知道买方在乘人之危也同意合作的卖家。这种情况有两种：卖方急于出售；卖方对自己公司的评价极低。**

卖方因某种原因急于出售时，买方不应该立刻做决断购买，而是和卖方做降价谈判，这样在某种程度上也能给卖方带来一定利益，所以会促使双方达成一致。

此外，卖方对自己的产品（企业并购时，特指企业）评价过高或过低，于买方而言，采取的策略也会大不相同。若评价过高，买方很难强行要求卖方降价。反之，若评价过低，卖方就会主动抛售甩卖，此时，买方可毫不犹豫地与之进行降价谈判。

卖方之所以会做出抛售甩卖之举，是因为卖方对此"失败之作"已毫无爱恋之情，即便在此产品的创造之初卖方也投入了巨大的精力。这属于宜家效应的例外。

买方在谈判时应注意的几个关键点

1 适合自己的才是最好的。
- ①真的有必要购买吗?
- ②能给公司带来多大的效益?
- ③购买后,能做到运用自如吗?

2 以零为基础编制计划和预算。
- 迫切想收回成本,所以不愿中途退出。
- 重新计算从此刻开始的成本和利润,之后再决定是继续还是终止。如果卖方的负面信息无伤大雅,无需终止合作。

3 是否应该向卖方表现出购买欲?是真心想购买吗?

可卖给多个买家的产品	只能卖给一个买家的产品
装作不是非常想购买、迷茫无措的样子	表现出非常强烈的购买欲
真心想购买	价位合适的话才会购买
在考虑卖方期望售价的基础上提出报价	只提出对自己有利的报价

4 先了解卖方的动机和情感,再进行谈判。

资金不充裕时	买方的谈判能力较强时
寻找卖方除金钱外的动机,以此为突破口攻破卖方	提出能顾及卖方自尊和情感的报价

3 中间人的谈判秘诀

控制买卖双方的期望值

当提及商业谈判的中间人时,我们的脑海中首先会浮现房产中介公司、人才中介公司、企业并购的中介公司等。但是中间人的含义更为广泛,例如贸易公司、公司内的协调部门,甚至处于婆媳间的丈夫。

所谓谈判的中间人,是指那些身处不同立场当事人之间,协调双方利害关系,并以双方达成协议为己任的人。接下来,我将以商业谈判的中间人为例,向大家讲解中间人的谈判秘诀。但是,这些秘诀也同样适用于其他领域的中间人。

首先，不能让双方抱有过高的期望。

前文中我们提到，一部分卖家总是过分夸大产品价值，对自己的产品抱有很高的期望。中间人要慎重对待来自这部分卖家的委托，不能轻易接受。例如，在向卖方说明其产品的市场价位后，对方仍固执己见不肯接受的话，中间人应主动拒绝其委托。

此外，买卖双方在提出各项谈判条件之际，特意聘请中间人从中斡旋时，中间人应将双方的主张简单明了地传达给彼此，小心谨慎地推动双方的交流与合作。虽说中间人在传达时要做到心和气平、语气柔缓，尽量不让双方产生误解和分歧，但是，不能因为害怕出现分歧就擅作主张，不将双方的具体诉求准确地传达给对方。否则，很可能让对方抱有过高的期待，直接导致谈判分崩离析。

损失规避的原理告诉我们：一旦让他人抱有很高的期望，再降低其期望值简直难于登天，达成一致的可能性也会随之降低。因此，在谈判之初就让买卖双方认清现实、不抱有过高的期望至关重要。而且，若双方在谈判之初就无法满足对方的各项诉求，中间人也不必从中协调，凭一己之力强行推进谈判向前走,反而及早终止谈判会让双方节省人力、物力。

一般情况下,若双方能达成一致,就证明双方对谈判结果是满意的。如果一味地让对方抱有过高的期望,一旦谈判失败,双方都会心怀不满。事实证明,**期望值越低,越容易获得满足感**。很多时候,一些看似难以达成一致的谈判以成功完美收场时,谈判双方会得到最大的满足。

但是,过度降低期望值又会让谈判止步不前,所以,把握一个合适的度显得尤为重要。

让双方在谈判中感受到公平

中间人为了保证公平,经常会在买卖双方提出的报价间选取一个折中的数作为最后的价格,促使双方达成一致。不可否认,这种方法有时很有效。

像上述这般,单纯地让**"两者相加再除以二"的方法之所以会有所成效,是因为这种方法能让双方感受到公平**,这里暂不考虑双方提出的价格是否绝对合理。

但是,我在第一章也曾讲道,决定谈判实力的强弱有多个影响因素。一般情况下,买卖双方的谈判实力总是有强有弱,绝对平等的谈判是不存在的,即使有中间人在两者间协调,也很难实现谈判中的平等。

此时,虽然谈判实力较弱的一方不得已做出让步,但谈判中间人最明智的做法是让谈判实力强的一方也做出妥协。重要的是，**中间人不期望双方妥协的幅度完全相同，只要能让谈判实力强的一方做出微小的让步就是很大的胜利**。这样一来，双方都会感受到公平，也更容易达成协议。

此外，中间人也可以利用社会认同法则，通过向双方出示市场价格、引用类似的交易案例、出具中立的第三方提出的意见等来让双方感受到公平，引导谈判走向成功。

当面谈判的首因效应

和价格谈判中的锚定效应相似，**首因效应**是指最初接触到的信息所形成的印象对人们以后的行为活动和评价的影响。**首因效应不仅在双方提出诸项条件时发挥作用，在对人的印象方面也极具影响力。**

在双方召开的第一次会议中，第一印象的好坏和双方是否意气相投起着举足轻重的作用。例如，买卖双方在第一次会见时，若买方的行为举止给卖方留下了极为恶劣的印象，会直接导致卖方拒绝合作。所以，中间人的职责就是当得知谈判一方的服装和谈吐较为具有个性化时，一定要提前告知另一方。

例如，某公司的董事长在任何场合都喜欢穿便装，此时，中间人就要在买卖双方的高层会晤之前告知对方:"××董事长可能会穿便服前来参加此次会谈,但不要怀疑他对此次谈判的重视度。"如果不提前解释,对方会认为这位董事长是有意为之。

除此之外,如果谈判的一方较难相处,中间人就要从中斡旋,和对方说:"虽然他给人的第一印象有些咄咄逼人,但他对工作十分认真。"若谈判的一方总是对一些细枝末节的问题追问不休,中间人就要这样解释:"或许您认为对方的提问都无关大局,但这是他们对此次谈判认真对待的表现。"像这样简单的一句话,就很可能让双方消除内心的隔阂。

在谈判结束后,若谈判一方能通过中间人向对方传达"贵公司给敝司留下了很好的印象",双方就会在无形中建立信任关系,推动谈判顺利开展。

做一个好的倾听者

你作为中间人,如果自己的委托人提出有事相商,一定要做一个好的倾听者。因为此时你的委托人一定遇到了难题,想寻找倾诉的对象。你们的对话比例最好是 8∶2 或者 7∶3,尽可能地让对方多说。

倾听对方的苦恼,可以让对方产生满足感,也会提升对你的信任感。如果一味地打断对方,自己却滔滔不绝,会逐渐失去对方的信任。

此外,在买卖双方当面会谈时,中间人也不宜频繁打断双方,发表自己的意见。**尤其在双方的高层会晤时,中间人更要谨小慎微,**因为双方公司的最高领导人并不是为了解决谈判中的争议点而来,其主要目的是为了达成商业合作、构建双方的信任关系。

在这种场合,任何决定都要经双方最高领导人之口说出来,中间人的任何发言都不具备说服力。若一味通过中间人代言,双方就无法构建信任关系。

在买卖双方的直接会谈中,中间人的作用是:提醒双方在此次会议中必须要决定的事项;让双方提出各自的诉求;说出双方难以说出口的诉求;明确今后双方的职责;防止会议主题偏离等。

不要擅自做出判断

若谈判一方提出的诉求荒诞无理，中间人可以根据自己的判断说服其撤销此诉求。但是，**如果此诉求只是谈判一方提出的一个小愿望，中间人不应该自作主张一口回绝，而是要将其诉求传达给谈判的另一方。**

例如，买方因某种原因主张降低购买价时，虽然其主张的依据并非异想天开，但即便中间人认为卖方一定不会同意，也不能擅自做出判断，一口回绝买方的诉求，而是要和买方说："虽然让卖方同意的可能性较低，但我会向其确认。"之后，中间人可以尝试将买方的诉求传达给卖方。

这样做的原因有两个：

①若中间人不经确认，擅做主张地对买方说"您的诉求

卖方一定不会同意"，从买方的角度来看，会认为中间人独断专行、偏袒卖方。中间人也会因此失去买方的信任。

②很多时候，中间人自以为是地认为卖方不会同意，但事实却恰恰相反，卖方竟然毫不犹豫地接受了。当然，遇到这种情况，中间人更没有理由反对了（但是需要向卖方说明其中存在的风险）。

要劝告而非一味说服

中间人可以向委托人传达各类信息，也可以为其提供多个选择，但不可过度诱导其行为。让委托人做决定是中间人应该知道的常识，其原因有两个：

①受承诺和一致性原则的影响，**人们对自己做出的决定会主动承担相应的责任**，也会得到精神上的宽慰和满足。

②即使出现问题，**委托人也不会抱怨中间人，有助于建立委托人和中间人之间的友好关系**。如果中间人过度诱导其委托人，一旦事后发生纠纷，很可能遭受委托人的抱怨。"明明当时是您告诉我这么做的，结果造成了这种局面……"像这样的抱怨声会不绝于耳。

反之，如果中间人缄默其口，也就失去了其存在的意义。

委托人面对多个选择时，一旦迷茫和不知所措，就会不做选择。**人们总是在为自己的选择寻找理由，很多时候会茫然若失。此时，中间人应该提出有效的建议，为委托人指明方向。**

例如，委托人面前有A、B两个选择，中间人在衡量利弊后，认为A是最佳选择。此时，中间人应该将A、B两种方案的利弊、成功概率告知委托人，并向其说明自己更倾向于选A，但是需要委托人做最终决定。对于中间人而言，不以强制的口吻说服委托人，而是让对方自己做决定，才是最明智的做法。

让委托人对A、B两个方案有足够的认识非常重要，有助于其做决断。但是，谈判不是一方就能决定的，所以中间人也要和委托人说清楚谈判的走向和结局都是无法预料的，要提前做好心理准备。

不轻易发出最后通牒

"如果不接受这个条件,谈判就到此为止!"像这样的诉求就被称作**最后通牒**。不可否认,有时候采用这种方法的确可以让停滞不前的谈判打开新局面,但是,这毕竟是最后的手段,不到万不得已最好不要使用。

如果一方发出的最后通牒遭到对方的拒绝,马上又撤回最后通牒,转而又提出其他诉求的话,发出最后通牒的一方乃至中间人都会失去对方的信任。

最后通牒,其字面意思就向人们传达了它不能使用两次。因为它与赌博类似,所以中间人要尽量避免让任何一方发出最后通牒。

第七章

掌控自身谈判的情感

---------------------------- Negotiation ----------------------------

正视对方的意见

从前面几章的讲解我们得知，**谈判并非对理论生搬硬套，谈判双方在情感上的共鸣也对谈判结果起着决定性作用。**

谈判中，若能熟练运用行为经济学和西奥迪尼法则，并探查对方的行为动机，就足以了解对方的各种行为和情感。但是，正所谓"知彼知己，百战不殆"，在充分了解对方的基础上，我们还要了解并控制自我的情感，并活用在谈判中。这就是我要讲解的第七章内容。

在谈判中，我们经常抱有"为何对方会有如此荒谬无理的主张？"的想法。其实，你在这样想的同时，**对方也在抱怨："对方为何如此不明事理？！"**

接下来，就无法正视对方所提意见一事，我将给大家介绍三种偏见理论。

1．错误共识效应

这个理论是指人们倾向把自己的思维方式投射给他人，假设所有人的思考方式都和自己相同，认为自己的主张就是正确的、符合一般常识的，而那些意见不合者的想法有问题。

2．条件反射性的低评价

只因对方和自己所处的立场不同，就反对对方提出的一切意见和主张。

3．基本归因错误

人们常常把他人的行为归因于人格或态度等内在特质，而忽略他们所处情境的重要性；在解释自己的行为时，倾向归因于情景（外界压力、环境状况）。

有一点我们无法否认，对于总想低价购买的买方和总想高价销售的卖方，他们所处的立场及利害关系是迥然不同的。

所以，不妨站在对方的立场上思考问题，到时候就会觉得对方的意见和主张不无道理。

一旦了解对方的行为动机，自己的情绪自然会有所收敛，也能够控制好自身情感。当然，体谅对方并不等于无原则地接受对方提出的任何要求。但是，相较于双方气急败坏地争论不休，控制好自己的情感更容易促使谈判达成一致。

如果一方无论如何都无法接受对方提出的诉求，可以询问其提出此诉求的原因和依据。

此外，在谈判中，因双方关注的重点有所不同，所以一方就会被对方认为吹毛求疵、咬文嚼字。

遇到这种情况，**从理论上讲，如果对方实在不可捉摸，可以选择放弃合作。**戴尔·卡耐基在其著作《人性的弱点》一书中对人际交往做了如下阐述：

"但凡与人交往，就不能把对方看作一台只讲理论的机器。我们应该明白对方是有感情的动物，而且充满偏见，并在自尊心和虚荣心的驱使下采取行动。……"

与其谴责他人，我们不妨试着去理解、去体谅、去思考为何对方会提出这种诉求，这样做才是明智之举，甚至会觉得很是有趣。接下来，同情、宽容、好感也会油然而生。

遭受对方批判时应抱有的态度

在谈判中，有时会遇到不管己方是对是错，对方都提出申诉和索赔的情况。

当对方感情激动、怒不可遏的时候，如果己方也不依不饶，很容易导致双方关系破裂。所以，先不要打断对方，静下心来倾听其心声。原因有三个，钻石社哈佛商业评论编辑部编译的《商业始于"谈判"》一书中对此做了明确阐述：

①根据从对方处获得的新信息，制定接下来的对策，让自己手中掌握更多的王牌；
②不采取防御的姿态，只是听取对方的抱怨，可以让己方更冷静地分析现有的形势；
③倾听对方的心声不等于让步。

在听完对方的陈述后，如果有必要，己方可以先道歉，然后放低姿态、用客观的事实反驳其言论。但是，要注意一点，**即使客观事实证明己方是正确的，也不要明确指出孰是孰非，要尽量平息双方的争执。**如果己方是正确的，时间会是最好的证明，对方当然也不会再生气。

在遭受对方批判时，如果大家脑海中能浮现下述四条内容，就能够很好地控制自身情感了。

①感谢对方让我以一个全新的视角看问题，感谢此次谈判让我有机会接触不同类型的人，于我而言，可谓是一种磨炼和修行。

②对方对我的批判其实是对我经常所犯错误的指正。

③如果对方真的十恶不赦，也没必要继续维持双方的关系。但是，若对方受身边环境的影响和制约、身不由己的话，应该给予其同情。

④对我的批判，只不过是批判我的那个人的个人意见，其他人怎么想还无从得知。至于我是否接受，只能由我自己决定。

总之，对于那些因琐碎之事就暴跳如雷的人，即使你现在维持和他的合作，今后也会引起纷争，所以最好不要和这类人合作。

悲伤的心情会让利益受损吗？

我们发现，若买方心情悲伤时，就同一款产品，即使价位稍高也能接受；相反，若卖方心情悲伤时，即使买方要求比平常略低的价格出售，卖方也不会拒绝。也就是说，**不论是买方还是卖方，悲伤的心情都会让其自身利益受损。**

那么，发怒时又会如何呢？

丹·艾瑞里在其著作《怪诞行为学》中提到了这样一则实验：工作人员将实验参与者分为两组，给第一组播放令人愤怒不已的电影片段，给第二组播放让人倍感幸福的片段。之后，让实验参与者结合自己的亲身经验写下观后感。此外，工作人员还会提出一些让人感觉不公平的要求，让两组实验者去执行。实验结果表明：第二组的实验参与者拒绝执行的比率要远远高于第一组。

也就是说，悲伤的心情会让人更容易接受对方的要求，**而愤怒总是让人做出拒绝之举。**

此外，事实证明，**人在受到来自外界的巨大压力时，其目光只会聚焦于短期的利益得失，而不考虑长远利益。**

综上所述，人在情绪波动时会让自身的利益遭受损失，甚至导致谈判无疾而终。所以，为了不让自己后悔，一定要在冷静之后再做决断。

遭遇失败时应抱有的态度

谈判中，难免会出现因己方的重大失误导致谈判失败的情况。事后我们不免会由衷感叹并懊悔："如果我当时这样做，还能开展更大范围的合作，就不会造成现在这样的局面了。"那么，面对失败，我们应该抱有何种态度呢？

将棋职业棋手羽生善治在其著作《为了产生期望的结果》中就讲到面对失败时应保持何种心态。为了便于大家参考，我对其内容进行了概括，并总结成三点：

①从失败的那一刻开始，就将失败前的种种记忆全部抹掉，认真迎接眼面前的挑战，从头再来；

②失败在提升自我能力、加速自我成长的过程中必不可少；

③从失败中汲取经验，不断反省，但不可迷失在失败中。

性善论和性恶论

主张性恶论的人往往都遭遇过他人的背叛。不可否认，背叛之人或许存在过错，但是，将责任全部推卸、认为自己毫无过错的人就真的清风高节吗？

我在前文中给大家介绍过错误共识效应，它是指人们倾向把自己的思维方式投射向他人，假设所有人的思考方式都和自己相同。**如果不相信他人，就意味着自己也有可能做出背叛之事。**

因此，那些主张性恶说的人往往自以为是，所以不值得信赖，大家最好敬而远之，不要与其合作。

当然，规避风险的方法不止这一种。于我们自身而言，言行都要体现性善论，千万不要和谈判对方说"我主张性恶论"。只有如此，对方才会视我们为值得信赖的合作伙伴。

为什么总是在临近谈判时气馁？

在游泳比赛中，尤其是即将抵达终点之际，游在最前面的选手只要想到"啊！终于要到终点了"，很可能会突然全身无力，被其他选手反超。指导参加奥运会游泳比赛选手的医学博士林成之先生将这种现象解释为：当选手一想到即将抵达终点时，脑部血流速度就会变慢，身体就会松懈。

这种现象不仅会出现在竞技比赛中，在商业交易中也屡见不鲜。

人们在达到某种目的后，也就失去了不断向前的动力，那种成功带来的快感也会随之消失。相较手中握有大量资金，赚取巨额利润更让人兴奋。

例如，在企业并购的谈判中，于买卖双方而言，最激动人心的时刻莫过于双方就各项基本条件达成了一致。

之后,虽然还需要在并购时进行详细调查,经双方签字盖章才能让合同正式生效,但是,历经千辛万苦,双方才就各项基本条件达成了一致,这种成功就在眼前的喜悦很容易让人产生松懈感,导致未仔细审核最终版合同中的详细条件就草草签订了合同。

所以,不论是卖方、买方还是中间人,不能将买卖双方就各项基本条件达成一致和谈判已经成功混为一谈,要将其视作谈判中的一个过程,不到最后一刻决不能放松警惕。此外,**为了不在签订合同后引起纠纷,也为了不让自己后悔,时刻都要沉着冷静,不急于签订合同**(当然,签订合同并不意味着已经抵达终点,之后还有执行合同、工作交接、收购后的整合等,签订合同不过是其中一个步骤)。

最后,我想以西乡隆盛的一段话作为本章的结尾,并以此告诫大家要严于律己,不到终点绝不放松。

"人们的成功往往源于对自身的克制,而失败往往源于对自身的爱惜。大部分人都是八分成功、两分失败,其原因在于:人们在看待成功的时候,会不由得对自己产生爱惜之情,开始期望享乐、厌恶工作,平时的谨言慎行也随之消失,那么,失败就会随之而来。"

结　语
从谈判制胜之术到谈判之道

在此之前，我讲到了多种谈判技巧，那么，人们应该抱有什么核心思想来使用这些技巧呢？在本书的最后，我将对此进行阐述。

我曾在第二章提到，"成功的谈判"需要以下两个必备要素：

①谈判过程中，双方要建立信任关系；

②谈判双方要做到未雨绸缪，共同制定不会产生纠纷的条款，并严格遵守。

虽说只要满足这两个条件就能实现成功的谈判，但是人们应该抱有什么核心思想呢？关于这一点，我认为应该具备**自他共荣的精神**。

"自他共荣"是嘉纳治五郎先生的名言。

嘉纳治五郎是柔道的创始人，但其贡献不仅于此。他在教育方面（体育、普通教育、师范教育）及奥运会的筹备方面也功不可没。嘉纳治五郎先生希望所有人都能具备自他共荣的思想。

嘉纳治五郎先生提倡社会中的每个人不论其思想和所属宗教有何差异，都不应该否定自他共荣的思想。他认为**衡量一个人真正价值的标准，要看他对社会做出的贡献**。

一直以来，人们认为使用谈判秘诀的最终目的是实现谈判双方共赢。但是，**自他共荣的谈判是指不仅谈判双方能从中获利，也能为社会的发展做贡献**，实现社会价值。

嘉纳治五郎先生融合各种流派的"柔术"，并将其系统化，开创了"柔道"。我也想仿效其做法，将"谈判制胜之术"升级为"谈判之道"。

谈判制胜之术和谈判之道的差异如下表所示：

谈判之道	谈判制胜之术
根本	个别的技巧
自他共荣	双赢或是胜负关系
体现社会价值	当事人的利益得失

两者并非相互对立的关系，谈判之道中包含谈判制胜之术。

日本武道中流传着这样一句话："没有术，道即为纸上谈兵；没有道，术很难长存。"用这句话来解释谈判之道，意思是，**描述谈判核心思想的辞藻不论如何精妙、华美，如果没有谈判实践和经验做支撑，便毫无意义；反之，若没有"自他共荣"的核心思想，一旦滥用谈判技巧，很可能会危害社会。**

自他共荣的谈判之道，并非打败对方、获得自身的利益，而是在谈判的过程中建立与对方的信赖关系，让对方也能从中赢利，最终目的是为社会创造价值。

但是，这里提到的"建立在信任基础上的谈判"也好，

"为社会创造价值"也罢，并非从道德的角度来约束大家。

事实证明，企业只要能做到这两点，就能有助于打造品牌效应，收获来自社会和同行业的认可，反过来又能节省自身和其他公司合作时的**交易成本**。例如，你是某产品销售公司的董事长，如果买方对你有足够的信任，就不会要求你耗巨资对产品进行彻底的性能验证，也不会为了考虑可能存在的所有风险而迟迟不肯签订合同。此外，还会涌现大批的买家购买你的产品，你在有更多选择的同时也能获得最大的利润。于买方而言，这样也能节约一定的交易成本。

信任关系产生利润，利润又将买卖双方牢牢绑在一起，如此才能逐渐形成良好的发展循环（像这样提高社会效率的社会网络、互惠性规范和由此产生的信任，被叫作**社会资本**）。

此外，据脑部研究的相关部门指出，人们在默默无闻地做一些舍己为人的举动时，会感到快乐和满足（因为大脑的纹状体处于十分活跃的状态）。

因此，为了获得自身利益和幸福感，我们需要追求自他共荣的谈判之道。况且，我认为这种谈判之道符合人类本性。

虽说自他共荣的谈判之道的终极目标是创造社会价值，但是，并不倡导人们执着于结果的成败。谈判有成功也有失败，如果在谈判中重视构筑双方间的信任关系，即使并未达成协议，但从长远看，有利于社会发展，也就属于成功的谈判。所以，相较结果，自他共荣的谈判之道更重视过程。

你如果为了短期成效而不择手段的话，不仅你的企业名誉会受损，也不会获得长远利益。相反，如果你**重视过程的话，虽然在短时期内不能立刻看到成效，但是，纵观全局，成功的概率会大大提升，也会收获对方的信赖，从而带来长远利益。**

我个人认为，只看重结果的人很难收获幸福。因为一个人不论再怎么努力，都无法控制最终结果。在谈判中，我们无法百分之百理解对方心中所想，**更不可能百分之百控制对方所采取的行动。**况且，各种外部环境因素也会影响最终结果。

此外，只注重最终结果的人很容易患得患失，一旦结果不理想，就会责怪自己，也会被失败带来的挫败感所折磨。

但是，我们能控制过程。这里提到的"过程"是指我们的思考方法、说话方式及内容、采取何种行动。

在谈判中，谈判的另一方并不是我们的敌人，而是朋友、老师、促使我们成长的人。如果我们在谈判中已经竭尽全力，即使最终未和对方达成协议，也没有关系，只要汲取教训、再接再厉即可。最重要的是，在整个谈判过程我们学到了什么。我认为，**不让结果的成与败控制我们的情绪、享受为目标奋斗的过程、成为幸福的谈判人、让人生变得充实有意义才最重要。**

不管多么重要的谈判，即使失败了，也不会让我们陷入死亡的深渊，再无重见光明之日。一次谈判的得失并不会影响我们的整个人生，不是吗？只要抱有这种心态，我们的内心就会涌现出无限的力量，轻松、乐观地面对每一次谈判。让每一次的失败都成为下次谈判的动力，享受谈判的过程带来的乐趣才至为关键。

于我而言，企业并购的中间人是一项非常神圣的职业。我以此为生，也以此为荣。

前几天，我的一个客户以同情的口吻对我说："您的工作一定非常劳心费神吧！"不可否认，这是一项需要投入大量时间和精力的工作，但是，我认为这世间再没有比这更有趣的工作了。虽然我从未在客户面前诉说过我的付出,但只要我认真对待每一次谈判,做到问心无愧,都会收到来自客户的感谢。

本书汇总了迄今为止我在实际谈判中总结出的谈判技巧和思维方式,除此之外,我还将自己从书中所学到的知识运用到了实践中的案例。

我希望本书能够对那些不擅于谈判或者立志成为谈判高手的人有所帮助。

最后,感谢在谈判中给我启示的所有人。

藤井一郎
2011 年 9 月

参考文献*

1. 《新经济教科书：我想提前知道！日本经济的基础知识》，日经商业编著（暂无中文版）

2. 《影响力》，罗伯特·西奥迪尼著

3. 《说服力》，诺亚·戈登斯坦、斯蒂芬·马丁、罗伯特·西奥迪尼著

4. 《（新版）MBA管理学基础手册》，GLOBIS Management Institute 编著（暂无中文版）

5. 《我们需要多少钱》，大卫·克鲁格著

6. 《嘉纳治五郎著作集·第1卷》，嘉纳治五郎著（暂无中文版）

---

*参考文献为日文，现译为中文。

7. 《嘉纳治五郎著作集·第2卷》，嘉纳治五郎著（暂无中文版）

8. 《企业经济学》（第2版），小田切宏之著（暂无中文版）

9. 《从基础到实际应用：行为经济学入门》，真壁昭夫著（暂无中文版）

10. 《心理学与决策技巧》，利玛窦·墨特里尼著（暂无中文版）

11. 《为了产生期望的结果：将失败、压力、失误作为自己伙伴的法则》，羽生善治著（暂无中文版）

12. 《商业始于"谈判"》，钻石社哈佛商业评论编辑部编译（暂无中文版）

13. 《管理决策中的判断》，马克斯·巴泽曼著

14. 《行为经济学：经济受到人类情感的影响》，友野典男著（暂无中文版）

15. 《沉思录》，马可·奥勒留著

16. 《社会资本——被"信赖的羁绊"所瓦解的现代经济与社会的各种课题》，稻叶阳二著（暂无中文版）

18. 《高效记忆：提升记忆力的七个习惯》，林成之著

19.《代表的日本人》，内村鉴三著（暂无中文版）

20.《思考，快与慢》，丹尼尔·卡尼曼著

21.《别再为小事抓狂》，理查德·卡尔森著

22.《人性的弱点》，戴尔·卡耐基著

23.《怪诞行为学2：非理性的积极力量》，丹·艾瑞里著

24.《无价》，威廉·庞德斯通著

25.《实力、运气与成功》，迈克尔·莫布森著

26.《理性谈判》，马克斯·巴泽曼、玛格丽特·A.尼尔著

27.《黑猩猩梦想退休吗》，雅各布·布拉克著

28.《怪诞行为学》，丹·艾瑞里著

29.《利他学》，小田亮著（暂无中文版）

作者介绍

藤井一郎毕业于早稻田大学，攻读政治经济学系的政治专业。在大学荣获小野梓纪念奖之后，直接进入三菱商事工作，主要负责中国大陆和台湾地区与汽车相关的项目。此后，又拿到了美国雷鸟全球管理学院的 MBA 学位（获得全额奖学金）。

之后，就职于 Business Cafe,Inc. 咨询公司（位于美国硅谷），帮助当地的软件公司进军日本市场。回国后，担任 FreeBit Co., Ltd. 海外业务拓展部经理，之后就任 Kaede Financial Advisory Inc. 董事。

在那之后，藤井一郎先生创立了由注册会计师、律师、企业并购中间人组成的 Integroup Inc，并担任董事长至今。

其公司主要负责帮助上市企业、信托投资公司、中小型私有企业实现企业并购。目前，此公司开展的企业并购业务已在业界鼎鼎有名，并站在了谈判领域的最前端。

擅长武术，在学生时代获得过以下荣誉：

- 桑勃式摔跤（俄罗斯的格斗术）：连续两年获得世界锦标赛 57 公斤级的第五名；
- 柔道：入选参加日本高中生运动会的柔道 60 公斤级比赛；
- 极真空手道：荣获轻量级学生空手道锦标会冠军。